中国社区治理

ZHONGGUO SHEQU ZHILI DI-ER JI

— 2021 —

第二辑

何艳玲　主编

何立军　李焱林　执行主编

中国社会出版社
国家一级出版社·全国百佳图书出版单位

中国社区治理

指导单位

中国社会治理研究会

顾　问

蔡　禾　浦善新　陈成文　李劲夫

编委会

何艳玲　何立军　李焱林　张　迟　王龙飞

编辑部

主编：何艳玲

执行主编：何立军　李焱林

编辑：邓莲君　王树娟　安　娜

出版人：浦善新

终审：王　前

责任编辑：张　迟　助理编辑：安　娜

联系电话：010-58124856　0731-88571610　010-58124825

E-mail：sqcmbjb@163.com

地址：北京市西城区二龙路甲33号　邮政编码：100032

图书在版编目（CIP）数据

中国社区治理. 2021.第二辑/何艳玲主编 .— 北京 ：中国社会出版社，2021.10

ISBN 978-7-5087-6630-0

Ⅰ.①中…　Ⅱ.①何…　Ⅲ.①社区管理—研究报告—中国　Ⅳ.①D669.3

中国版本图书馆CIP数据核字(2021)第205132号

开本：185mm×255mm　1/16　印张：16　字数：220千字

版次：2021年10月第1版　印次：2021年10月第1次印刷

印刷装订：中国电影出版社印刷厂　定价：50.00元

《中国社区治理》专家委员会名单

（以姓名汉语拼音首字母为序）

刘静林　广东工业大学
刘佳燕　清华大学
卢　磊　北京社会管理职业学院
刘少杰　中国人民大学
李焱林　湖南唯实公共服务评估中心
刘祖云　中山大学
马卫平　湖南师范大学
欧阳袖　中国劳动关系学院
彭国胜　贵州师范大学
潘泽泉　中南大学
邱泽奇　北京大学
唐　娟　深圳大学
谭日辉　北京市社会科学院
谈小燕　北京市委党校
田毅鹏　吉林大学
汪碧刚　中国社区发展协会
吴银涛　成都大学
易松国　深圳大学
郑功成　中国人民大学
朱海龙　湖南师范大学
郑红强　东城区朝阳门街道竹杆社区
周秋光　湖南师范大学
张文宏　上海大学
朱雄君　中共湖南省委党校

目录 CONTENTS

实验经验：湘东区农村综合体建设

社区物业

治理案例

社会工作

治理茶座

志愿服务

主编的话

"五社联动"：创建社会力量参与基层治理新机制

何立军

2021年4月，中共中央、国务院印发《关于加强基层治理体系和治理能力现代化建设的意见》。意见明确提出："完善社会力量参与基层治理激励政策，创新社区与社会组织、社会工作者、社区志愿者、社会慈善资源的联动机制，支持建立乡镇（街道）购买社会工作服务机制和设立社区基金会等协作载体，吸纳社会力量参加基层应急救援。"这是中华人民共和国成立以来首次以党中央、国务院名义印发的关于加强基层治理现代化的纲领性文件，为社会力量参与基层治理指明了方向、提供了遵循。特别是关于创新"五社联动"机制的提法令人耳目一新。"五社联动"是怎么来的？何谓"五社联动"？其内涵要义是什么？如何联动？实践中需注意哪些问题？等等。带着这些疑问，本文谈谈浅见。

"五社联动"从何而来

从"三社联动"到"五社联动"。2013年11月，为切实加强社区社会工作专业人才队伍建设，积极发展社区社会工作服务，进一步促进和谐社区建设，民政部、财政部联合出台了《关于加快推进社区社会工作服务的意见》（民发〔2013〕178号），其中明确提出"探索建立以社区为平台、社会组织为载体、社会工作专业人才为支撑的新型社区服务管理机制"，后来被学界和政府部门概括为"三社联动"机制。而后，在"四个全面"特别是全面深化改革、加强和创新社会治理的大背景下，多地在党建引领下积极探索创新基层社会治理体制机制，进一步对"三社联动"机制整合、扩充，有的地方探索提出了以社区为平台、社区社会组织为载体、社会工作专业人才为支撑、社区志愿者为补充的“四社联动”机制。

2017 年 10 月，举世瞩目的党的十九大召开，明确提出，要加强社区治理体系建设，推动社会治理重心向基层下移，发挥社会组织作用，实现政府治理和社会调节、居民自治良性互动；要加强社会治理制度建设，提高社会治理社会化、法治化、智能化、专业化水平。

为深入贯彻落实党的十九大精神，2019 年 10 月，党的十九届四中全会在研究部署国家治理现代化这一重大主题中明确提出，要坚持和完善共建共治共享的社会治理制度，构建基层社会治理新格局，完善群众参与基层社会治理的制度化渠道；同时，要重视发挥第三次分配作用，发展慈善等社会公益事业——首次在中央全会上提出并明确“第三次分配”和慈善事业在我国经济和社会发展中的重要地位。这既是对过去，特别是党的十八大以来基层社会治理创新实践的科学总结，更是对深入推进社会治理体系和治理能力现代化提出的新的更高要求。

世事变幻，风云难测。正当全国各地如火如荼推进社会治理现代化的当口，2020 年一场威力巨大的新冠肺炎疫情暴发并在全球蔓延，至今仍在持续，给各国的社会治理、基层治理都带来了严重冲击和挑战。在疫情防控过程中，中国探索形成了许多行之有效的社区防控经验做法，“四社联动”机制发挥了重要作用。经历了这场大战后，政府和社会都开始反思既有治理模式存在的问题，发展慈善公益事业、构建共建共治共享的社会治理格局显得更加紧要，“五社联动”的雏形开始形成。同年 10 月，党的十九届五中全会召开，全会通过的《中共中央关于制定国民经济和社会发展第十四个五年规划和二〇三五年远景目标的建议》进一步提出：“发挥第三次分配作用，发展慈善事业，改善收入和财富分配格局”；“发挥群团组织和社会组织在社会治理中的作用，畅通和规范市场主体、新社会阶层、社会工作者和志愿者等参与社会治理的途径”；“健全志愿服务体系，广泛开展志愿服务关爱行动”。这是以习近平同志为核心的党中央对“十四五”时期乃至更长一段时期内深化社会治理、推进慈善和社会工作事业发展等作出的重大战略部署。

为深入贯彻党的十九大和十九届四中、五中全会精神，夯实国家治理根基，2021年4月，中共中央、国务院专门印发了《关于加强基层治理体系和治理能力现代化建设的意见》，正式提出了本文开篇所言的“五社联动”机制。该意见要求，完善社会力量参与基层治理激励政策，创新“五社联动”机制。至此，从“三社联动”到“五社联动”经历了一个从实践探索深化到公共政策迭代升级的发展历程。

“五社联动”内涵刍议

何谓“五社联动”？首先，我们来看看这一概念诞生的语境。众所周知，基础不牢，地动山摇。基层治理是国家治理的基石，统筹推进乡镇（街道）和城乡社区治理，是实现国家治理体系和治理能力现代化的基础工程。基层治理不只是党委和政府的责任，而是社会各方的共同责任。“五社联动”主要是在基层治理的语境和场景中诞生的。因此，我们可以将“五社联动”理解为：以提升社会治理能力、建设“共建共治共享”的社会治理共同体为目标，坚持党建引领，社区居委会（村委会）发挥组织作用，以社区为平台、以社区社会组织为载体、以社会工作者为支撑、以社区志愿者为辅助、以社会慈善资源为补充的基层治理新机制。

在“五社联动”机制中，社区、社会组织、社会工作者、社区志愿者、社会慈善资源在基层治理中各自发挥着重要作用。其中，社区为基础性平台，为其他“四社”开展服务提供相应的资源、条件等保障；社会工作者作为专业服务力量，既可以通过专业化、个性化的方式直接服务社区群众，也可以为社会组织、社区志愿者、社会慈善资源提供提升服务方式专业度、提高能力建设等方面的支持，社区和社会工作者的深度融合为“五社联动”新机制有效运行奠定坚实基础；社区志愿者从社会组织中剥离出来并成为社会治理主力之一；社会慈善资源则在基层治理场景中发挥着协同回应基层需求、提供公益服务、解决社会问题、增进社会福祉、促进社会和谐等作用。以此，“五社联动”成为一个有机联动的整体，并可形成以社会组织、社区志愿者、社会慈善资源分别为侧重点、辅以其他“四社”为支撑的多种服务模式类型，将多元化的服务供给和各有优势的治理功能在社区层面得以实现，从而形成一种新型基层治理机制。

“五社联动”优势分析

相较“三社联动”，“五社联动”增加了社区志愿者和社会慈善资源两个要素。从“三社联动”演进到“五社联动”，社会力量的深度参与凸显出“五社联动”基层社会治理新机制在联动性、专业性、动力性上的深化。

一是“五社联动”主体更为丰富，资源可获得性、共享性、联动性更强，打通了社区资源链接路径，多方共赢形成良性循环。与“三社联动”相比，“五社联动”新增社区志愿者和社会慈善资源，为社区治理注入了更多的人力和资源能量，并形成志愿者服务更加热情、专业，社会组织更加活跃，慈善资源聚焦更加精准，社区服务更加全面的良好局面。

二是“五社联动”为基层社会治理引入活跃的、专业的力量，在社区和社会工作者深度融合的基础上，展现了社区社会组织大力发展、社会支援服务精神充分发育和社会慈善资源深扎基层的专业优势。从资源视角看，现代社区治理涉及资源动员、资源配置和应用，“五社联动”机制被撬动、启用、运转的侧重点也因此不同。比如，发挥社区社会组织作用凸显社区居民组织力，发展社区志愿服务体现社工培训志愿者方面的专业优势，社会慈善资源的注入彰显了社会资源的激活与整合。

三是“五社联动”一改传统“输血式”社区服务供给模式，为社区建设注入新动力、新资本。“五社联动”模式广纳社区志愿者和社会慈善资源力量，拓宽基层集资路径和社区志愿平台，减少政府资金投入有限给基层社会治理带来的制约，增强了社区自身的资源整合能力和可持续发展活力。

“五社联动”何以可能

回顾中华人民共和国发展历史，可以发现，我国的社会治理，特别是基层社会治理，大体经历了一个从政府管控到社会管理再到社会治理的转型过程。在此过程中，从宏观层面整个国家社会治理理念的转变和社会文明的发展，到中观层面突发事件应对中社会对社工的逐步认同，再到社区志愿者和社会慈善资源深耕能力建设、深度参与基层社会治理，一步步促成了“五社联动”这样一种基层社会治理机制。

从宏观整体层面解读，从“三社联动”发展到“五社联动”，是社会文明发展和国家社会治理理念转变的结果。从社会文明发展角度看，一方面，民众可支配收入的增加为践行公益理念提供了经济基础；另一方面，社会对人道主义、人文主义的倡导，成为社会公益慈善精神勃兴的“助推器”。从国家社会治理理念来看，党的十九大报告强调“打造共建共治共享的社会治理格局”，党的十九届四中全会提出“构建基层社会治理新格局”和“建设人人有责、人人尽责、人人享有的社会治理共同体”，党的十九届五中全会顺应时代大势、回应亿万人民期盼，首次提出“全体人民共同富裕取得更为明显的实质性进展”。这些重大战略部署都要求社区志愿者、社会慈善资源主动融入和服务于基层社会治理大局，与社区、社区社会组织、社会工作者等要素整合联动，在促进居民参与、共建幸福家园中添砖加瓦，提供专业服务。

从中观局部层面解读，“五社联动”反映了社会（区）工作者群体逐渐发展壮大，作为专业力量以志愿者等多种形式参与基层治理，提供专业服务，并逐渐获得社会的高度认可。特别是在新冠肺炎疫情防控期间，社区成为抗疫防疫的第二战场，社会工作专业力量充分发挥积极作用，凭借化零为整组织志愿者、设计机制兼容公共福利和个体利益等专业思维，为社区提供了诸如引入志愿者、培育志愿服务型社区社会组织、链接社会慈善资源等许多专业性服务。同时，在此过程中，自身的社会认可度也显著提高。社会慈善资源也发挥了重要补充作用，增进了社区社会资本，各方力量的良性互动较好地体现了“五社联动”新机制的价值和优势。

事实上，社区志愿者和社会慈善资源的作用不仅仅是在突发事件应对处置及善后过程中作用凸显，在常态化的基层社会治理中同样发挥着不可或缺的作用。随着城乡社会治理科学化、专业化、社会化、法治化、精细化的持续深入，对社会（区）工作者的能力要求越来越高，大力加强社会（区）工作者队伍建设，充分用好社区志愿者力量和社会慈善资源就显得尤为关键。

“五社联动”需深化探索

“五社联动”不是“五社”各打锣鼓、各行其是，也不仅仅只是各方结队而行，而是各方应形成互联互通、共建共治、共商共享、共行动共发展的良好动态协作模式。目前来看，“五社联动”虽在各地的实践中各有特色，但整体而言尚处于初步探索期。以何种模式在基层社会治理中开展“五社联动”？如何形成可复制推广的经验模式？只有诉诸实践，这些问题才能逐步找到答案。

比如，为实现“五社联动”新机制的有机联动和发展，需深化体制机制改革，建立健全相关制度，切实保障“五社”真正“联”起来、“动”起来。唯有此，社工的专业优势才能得以更加充分的发挥，成为桥梁纽带和重要驱动力量，社区社会组织才能得以蓬勃发展，社区志愿者队伍才能得以逐渐壮大，社会慈善资源才能得以注入基层，带动居民广泛参与，形成优势互补、协同联动、共建共治共享的格局。

当前和未来一个时期，各级党委和政府都将深入贯彻落实《关于加强基层治理体系和治理能力现代化建设的意见》精神和相关决策部署要求，如何创新用好体制机制，提升基层治理能力水平，加快推进基层治理现代化，还面临着实践难题需要破解、法治建设需要加强、理论创新需要强化等一系列的工作要做。因此，在此形势背景下，“五社联动”作为社会力量参与基层社会治理的新机制、新探索，需要我们进一步深化认识、解放思想、持续创新，在实践中立足既有资源，先发动优势要素参与，再逐渐推进其他要素联动，从而实现全要素嵌入、协同共治。

理论聚焦

社群韧性激活社区活力
——后疫情时代的社区治理实践反思

姚 媛 何艳玲

摘要：如何提高城市社区的应急防御能力成为新冠肺炎疫情后基层社会治理的重要研究议题，社区韧性成为社会治理的重要目标。城市社区作为一个复杂社会关系系统，其分析核心是了解社区中独立的个体如何连接成为一个自组织（共同体）。与之相对的，中国情景下的社区既是一个行政地理概念，又是以此带来的长时间凸显维护社会秩序的一种管理模式。因而，需要基于城市风险重新定义社区内涵，以社群韧性重塑社区活力，共同构建以人民为中心、强调多元主体共治共享的现代化城市基层治理新格局。党建引领下的多元共治不仅能发挥自上而下的行政资源能力，且通过党组织的渗透性完善自下而上的多元主体平等参与治理路径，最终打造一个和谐有序的城市社群治理共同体。这不仅有利于激发常态化城市社区的活力，也能在应急管理情景下提高城市社区抗压能力和组织学习能力。

关键词：社区治理；社群韧性；治理共同体；社区活力

新冠肺炎疫情防控期间，兼具“抗疫”一线阵地和人民生活栖居地的社区安全显得越发重要，[1]有效的社区治理成为形塑安全可靠的社区环境的关键。在抗疫过程中，以医护人员为主力的医院战场上正集中力量攻克突发的新冠肺炎疫情，而以社区干部等为核心的基层工作者也在进行社区战役，如何在资源有限、能力有限、时间有限的情况下满足封闭群众的基本生活需要和做好关怀工作，践行为人民服务的宗旨，成为基层治理在疫情期间的重要任务。“十四五”规划建议首次提出建设“韧性”社区，旨在实现常态和非常态化治理的高效精准与发展的可持续。[2]城市作为最复杂的人造物，同时承受着多种灾害和自身多重脆弱性的极大风险。而城市社区被认为是有温度、有温情、有温暖、有风度的善治空间[3]，由多重维度的关系组合而成的社会关系聚焦在社区这一特定的空间，因而社区治理的核心是关系的治理。

面对新冠肺炎疫情，为什么有的社区能快速反应并且迅速组织在一起，而有的社区却一盘散沙，无从适应？在风险聚集的社区，如何提高社区内部的自组织能力，提升社区社群韧性，使社区具备灾后迅速恢复和快速组织的能力，整个社区的抗疫能力明显提高，成为后疫情时代社区能力培养的重要内容。不断提升社区公共卫生和安全等重大突发公共事件的应急治理能力，将社区应对重大突发公共事件的治理经验纳入国家治理体系和治理能力现代化建设中来，提升社群韧性是社区治理的“大考”和亟待解决的重要问题。[4]

一、社区：城市风险聚集的主要场所

社区由“community”一词翻译而来，在西方语境下表达了共同体的概念。“社区”概念从20世纪90年代以来发生了诸多变化[5]，从作为行政区划概念、强调地理空间划分标志到2017年《中共中央国务院关于加强和完善城乡社区治理的意见》将城乡社区确定为社会治理的基本单元，“社区”的社会性内涵越发凸显。随着城镇化的发展，社区成为城市风险聚集的主要场所。单位制解体后，“单位人”变成“社会人”，同一个社区成员的异质性不断增强，社区共同体内涵不断削减，原本的经济连接和社会连接随着单位制的解体而消解，取而代之的是陌生人社会，人与人之间的社会连接减弱。在陌生人社会，社会的组织性和黏结性被消解，熟人社会的道德准则和行动规则也被取代，成为缺乏社会活动准则和法制化建设不充分的社区。

社区是差异性人群聚集地。单位制社区内的交往以道德准则为主，同时以“面子”“关系”等非正式规则维系社区关系。单位制社区多为熟人，熟人之间往往会拂不开面子，犯罪的成本高，不仅要考虑到法律层面的制裁，还要考虑以后在整个社区的声誉，熟人社会在一定程度上可以减少维护社会治安的成本。新建的商品房小区，通过资本情况筛选住户，人员异质性加强成为商品房小区住户的主要特征。这一差异性表现在工作单位、社会地位、生活需求上的差异，整个社区成为一个大熔炉，各式各样的人都在社区这一有限的空间内实现其生活生存甚至生产需要的满足。再者，随着城镇化的发展，社区人员数量远远高于熟人社区的人员数量①。基层治理随着辖区人数的增加难度呈现几何级数增长，传统的通过户籍人口配备社区管理人员的模式已然不适应翻倍式的治理压力，人口的流动性更进一步增加了基层社会治理的难度。

社区冲突的易感染性。传统中国乡土社会是一个稳定、非流动和单一的社会。人们在熟悉的环境中，依靠习惯和宗法等方式解决矛盾和纠纷，关系治理的作用得以长期有效发挥。多样化的人口组成和生活方式增加了城市治理的复杂性，城市治理必须观照到城市是城乡居民混合的城市，观照到人们多元化的价值观，观照到人群之间的贫富差距，观照到人群之间的多元化需求。引起城市社区冲突的往往是垃圾乱扔、过道抢占、噪声干扰等生活琐碎的事情。这些事情在乡土社会由于人际关系连接而容易被容忍，而在缺乏情感纽带和关系连接的陌生人环境，这些事情容易被放大、演绎，继而成为社会冲突，并且愈演愈烈，因而在城市化进程中，居民深切地感受到失落、隔绝、寂寞、无助和无望[6]。须知，消极负面的情绪在社区内更容易被放大和传染，成为撕裂社区的不稳定因素和社区治理的人际冲突风险的来源。

社区治理强调居民体验感。社区作为一种有别于"社会"的传统的、富有情谊的社会团体，自诞生起便对改善城市生活发挥重要作用。城市居

---

① 据统计，1978 年底，我国总人口为 9.63 亿，其中城镇人口仅为 1.72 亿，而 2019 年末，我国总人口达到 14 亿，其中城镇人口为 8.48 亿，乡村人口为 5.52 亿。按照唐钧分析，1978 年体制内的城镇职工占比 99.84%，而到了 2000 年体制外的工业人员占比 54.87%，中国社会出现了由单位制向社区制转变的结构性变化。

民的体验感成为基层治理的重要发展目标。① 差异化的居民带来了多样化需求，传统的按照行政区划配置公共服务的模式已然不适应频繁流动的社区人口，标准化公共服务也不再能满足和实现居民的多样性需求。随着社会转型和单位制的解体，社区成为公共服务供给的末端，肩负着为民提供公共服务和回应民生的重要任务，社区作为以行政地理区划的公共服务配给模式难以为辖区内的差异性人员提供整合型的多层次公共服务。陌生人社会中关系连接和经济连接的不充分使得社区治理在多样化需求面前也略显艰难。

因此，社区风险的产生与单位制解体，熟人社会变为陌生人社会，原本熟人关系道德约束变为法理约束中的转型不足等种种因素，对基层治理提出了更高的要求。

（一）差异化要求提高基层治理精准性

社区居民委员会长期以来被认为是街道的派出机构，但由于其缺乏行政级别所在强制力上略显不足，作为自治组织群体，又面临自我组织能力不足的问题，社区居民委员会在实践层面成了没有权限但需要代表政府形象，真正解决民生需求的组织，由于其缺乏行政能力，在资源获取和权威获得上略显不足。面对迫切的差异化需求，基层治理必须要转变管理思维，借助社会力量和行政力量，利用有效的资源，实现其差异化需求能力的提升。差异化需求意味着不仅需要提供物质性的公共产品，还要落实为居民带来顾客式体验的体贴服务。理性科层组织存在惰性，强调上传下达和执行性，而面对基层差异化的多样需求，上传下达指令方式已然不能满足居民的需求，也不能适应复杂的基层治理环境。因此，基层治理的多样化需求也为其自主性创造了条件，而这一自主性的培养仰赖于基层干部的不同作风，"人治"在社区单元显得尤为重要，这也是为何社区书记做得好的社

① 习近平总书记指出："我们要坚持以人民为中心的发展思想，将人民的获得感、幸福感、安全感作为工作出发点和落脚点。"在党的十九大报告中，提到人民的地方有203次之多，同时将"坚持以人民为中心"作为中国特色社会主义的基本方略进行了系统论述。

区往往能够带动和影响社区的发展，这说明社区书记的连接作用才是关键，其能将多样化需求的居民联合起来，形成了新的社会连接。

（二）高风险要求培养专业化治理能力

回应复杂性社会的多元化、原子化和风险化等特质成为社会治理的出发点。[7]社区风险的爆发往往源于生活中的小细节，与居民日常生活息息相关。社区冲突问题的解决在单位制社区中很大程度上依赖村集体、单位内的协商和调节，但是在缺乏乡贤、缺乏单位领导调节的情况下，社区冲突的解决则依赖居民委员会，调解社区冲突成为居民委员会的重要职责。居民委员会作为一个自治组织，在调解过程中缺乏有力的行政能力和强制能力，同时，作为非专业社会组织的居民委员会，缺乏一定的调解技巧，因此，如何面对和应对社区的复杂性和不确定性，成为基层干部必须要面对和提升的重要技能。

（三）破碎化要求重塑社区组织关联

强有力的组织成为社区遭遇突发灾害后能否迅速行动和恢复的重要因素，拥有较强关系连接的社区能够很好地组织起来，迅速行动，而缺乏组织或组织力量薄弱的社区面对灾害时则群龙无首，其恢复能力和应急能力还有待于建立一个能够协调连接关系并得到居民信任的组织。危机来临时，组织的建立依赖于常态环境下社区关系连接，社会学中认为社会资本具有较强的连接功能[8]，随着社区治理尤其是对社区由地域转为个体的社会联系上，社会资本成为一个理解“地域共同体”的理论视角。社区社会资本越高，社区内居民的合作意愿就越强，社区的自组织能力就更强。从组织管理的角度来看，组织的形成依赖于一定的社会环境，而新成立的组织往往需要一定的共同目标，随着社会环境的变化，组织的目标也会发生一定的改变，新成立的组织往往需要“野心家”这一类具有变革特质的人员，而不是守旧者[9]，组织成立和运行需要成员的能动性，从这一角度来看，社区书记作为一个组织内核，在危机来临时，需要更强的能动性。

二、秩序与活力：新时代社区治理的目标

习近平总书记强调："一个现代化的社会，应该既充满活力又拥有良好秩序，呈现出活力和秩序有机统一。"[10]这就告诉我们兼具秩序与活力成为新时代社区治理的目标。发展一直是单位制社区成立以来的核心目标，发展不仅是经济的发展，还意味着在物理环境、基础设施、市场要素等方面的完善，通过资金的投入和物理空间规划可以实现改善社区样貌，达到其物理抗御能力的提升。繁荣则强调社区内部的关系和运行过程，并非通过经济投入创造而是通过营造创造的。与之相对的，秩序与活力成为社区治理的重要目标①。2015年中央城市工作会议后，关于社区治理的讨论成为学术界的一大研究热点，各大城市也纷纷争先在实践层面探索共建共治共享的城乡社区治理体系，社区治理的成都模式、浙江模式、上海模式都在探索何以实现城市社区兼具秩序与活力的治理。

秩序和活力为何成为城市社区治理的目标？单位制解体后，商品化社区的治理经历了凸显无为而治的社区自治阶段、凸显社会组织参与的社区营造阶段、新时代党建引领的多元共治社会治理格局三大发展阶段。

一是凸显无为而治的社区自治阶段。单位制解体后，基于行政地理划分的社区被赋予了维持社会秩序的行政要求，社区治安成为当时重要的社区管理目标。社区治理主要为经济发展提供基础，强调社会治理的长治久安和稳定。因此在这一阶段社区治理投入了大量的管理成本，强调社会秩序的维护和保持社区内部的和谐状态，社区内部事务则通过居民自治的方式，凸显无为而治的社区自治。

二是凸显社会组织参与的社区营造阶段。受中国台湾和中国香港社区营造实践的启发，中国大陆开始了浩浩荡荡的社区建设运动。由民政部门牵头，采用购买第三方组织公共服务的方式，为老弱病残孕等群体提供相

① 习近平总书记在2014年1月召开的中央政法工作会议上强调，要"处理好活力和秩序的关系"。这为社会治理创新提供了重要遵循：建立科学有效的社会治理体制，既让社会充满活力，又要让社会稳定有序。

应的关怀服务。同时培育社会组织，提升公民的志愿服务意识，希望打破陌生人环境，重塑熟人社会，加强社区内部的连接。随着专业化社会组织的参与，一定程度上提高了公共服务专业化水平，也呈现出社会组织的专业性被行政化吸纳、社会组织能力不足的情况[11]。随着居民与物业冲突的激化，社区平安稳定成为这一时期社区治理的重要目标，通过管理的方式维持社会秩序，这在一定程度上是为经济发展服务，但是缺乏通过社会治理的方式实现社区内部活力的发展。随着社区营造的开展，社区内部的关系连接加强，社会组织、社区志愿者成为社区治理的一支重要队伍。

三是新时代党建引领的多元共治社会治理格局。党的十八大以来强调党建引领下的社区治理合力的形成，关注以人民为中心的居民需求的满足和社会治理格局的形成，在这种形势下，如何让社区更具活力成为这一阶段社区治理的重点。党的十九届四中全会明确提出要“建设人人有责、人人尽责、人人享有的社会治理共同体”，进一步凸显人民作为社区治理的主体的地位，再次回归社区自治。同时，社区活力的塑造成为社区治理的重要内容。社区活力表现为居民参与社区公共事务的积极性，关注居民作为社区自治主体在社区公共事务的参与意愿和有序参与权利的实施，即“共同行动”。再者，社区活力强调不同主体的专业性和能动性能力的发挥，多元治理力量拧成一股治理合力，即“共同效能”。社会组织在社区中发挥专业化服务能力，居民实现公共事务参与的愿望，政府再投入一定的资源和人力实现更好的社区治理效能，而后，通过党建引领的方式将分散的社区治理主体连接起来，实现重塑社区连接，实现社会治理的和谐有序的目标。

综观社区治理不同阶段，“秩序”一度成为社区治理的核心目标。社会秩序的建立和维护需要依靠科层体系。依靠科层体系，国家可以实现快速的职能重建，但基于科层体系的职能重建对多元社会需求的回应经常呈现科层体系中常见的低水平状态，难以真正及时有效地实现对复杂社会需求的回应。[7]此外，秩序的达成不仅需要美好的城市规划聚集人气，通过居民注意力降低黑暗角落的治理成本，提高社区治理效能[12]。因此，在新时代多元共治社会治理模式下必须转变社会治理目标，将建立秩序仅作为社会治理的基本要求，让塑造社区活力、激发社区内涵成为这一阶段的重要任务。

社区活力表现为社区内部人与人之间关系的连接加深，社区自我组织、自我发展、自我引导能力增强，从而产生“共同行动”和“共同效能”。这就意味着活力的产生不能依赖于传统社会秩序维护的管理方式，而是要调动多元主体的积极性，发挥不同社区参与主体的能动性，最终实现更具弹性和灵活性的社区治理共同体的社会治理目标。社区活力强调的是不同组织的关系互动和共同行动过程，是一种软性而非硬性的连接，强调的是社区治理过程的治理韧性。

三、社区韧性：从物理韧性走向群体韧性

韧性（resilience），又被译为抗逆力、复原力，最初源于工程学，特指物体在受到外部冲击后能够恢复先前状态的能力，或是指材质具有适应外力作用恢复自身原初状态的属性[13]。韧性理论从生态学与心理学两个学科逐渐延伸至风险治理领域。一是来自生态学领域的延伸，学界先后提出生态韧性、社会韧性、城市韧性等概念。霍林指出，生态韧性是一种抵抗外部影响并达到均衡状态的能力，强调生态系统的稳定能力，以此区别工程韧性强调系统具有吸收外部变化的能力。[14]自2005年美国新奥尔良飓风造成毁灭性打击后，美国城市规划学者、生态学者、环境学者纷纷开展城市韧性研究，密切关注城市系统应对灾害的韧性问题，也使得该时期社会科学的灾害研究表现出从“脆弱性”向“韧性”研究范式的重大转变，研究者从关注脆弱性研究的“平衡”问题，转向到关注韧性研究的“适应”问题。韧性概念被广泛运用到城市系统应对未来大量的不确定性的风险变化适应性策略的研究中[15]。城市韧性研究阶段将城市看作是一个抵御风险灾害的过程，通过对城市自身结构的调整，提升城市应对灾难的适应能力和吸收能力，强调建设更具弹性的城市。二是心理学韧性研究的延伸，先后确认了心理弹性、发现保护性因子，以及关注弹性适应过程。[16]受生态系统范式影响，心理韧性研究逐渐从传统关注个体转向关注家庭、社区等相关生态系统，注重从多水平、动态、交互作用层面进行研究设计和分析，探

查随压力而来的个体与群体的消极或积极适应过程。至此，发源于物理韧性被广泛应用于社会学领域的社群韧性，开始强调社区内部的关系连接。

因此，社区韧性表现为物理韧性和社群韧性，物理韧性指社区外部的人文地产景等物理因素，如 Tobin 强调人口资源、社会资本和政治背景等因素对社区可持续发展的影响。[17] Norris 从经济状况、社会资本、信息流和社会支持等四个维度评价社区抗逆力。[18] Cutter 从社会制度、生态环境以及建筑物等方面构建了地方灾害抗逆力模型。[19] 社群韧性则强调社群内部的关系连接和社会资本，从“社区人”出发探究社区韧性的影响因素，强调社区居民间的关系网络和集体行动，如 Ainuddin 强调社区集体行为与再组织能力对增强抗逆力的影响作用。[20] 社群韧性也是一个过程性的概念，强调面对灾害不同阶段社区组织不同的表现，是一个学习型和进阶型的韧性概念，这也意味着社群韧性是一种非消耗性资源。社群韧性能够迅速提升社区的活力，参与即是活力，活力的发展需要社会共同体的利益联结和社会治理主体的主动性。物理韧性与社群韧性对比，见表 1。

表 1　物理韧性与社群韧性对比表

社区韧性	物理韧性(管理)	社群韧性(治理)
内涵	物理设施	关系连接
特征	材料特征	学习能力
资源类型	消耗性资源	非消耗性资源

物理韧性，应通过社区公共空间营造、共同利益、共同事件、集体行动的打造实现社区内部的关系连接，一定程度上可以提升社群韧性。社群韧性强调社区内的关系，是打破原本独立原子化的个体构建关系并且不断发展为强关系的过程，社区集体事务成为构建社区连接的重要方式。信任是重塑社群韧性和实现群体共治的基础，信任的建立必须使异质性的原子化基于利益共同体构建社区内部的共同连接，补充熟人社会的关系连接，以形成强有力的社会共同体的基础。

四、以社群韧性激活社区活力

以人民为中心的城市发展对城市社区提出了秩序与活力有机统一的发展要求。在很长一段时间内，社区成为经济发展的稳定器，社区擅长秩序管理而非社会治理。随着发展转变为高质量发展的过程，稳定不再是城市社区发展的重要目标，高质量的发展意味着城市发展必须直面当前越发凸显的城市人才竞争，实现居民的多层次的需求。

日益激烈的城市竞争中，城市活力成为夺取人力资本的关键。城市活力表现为社区的烟火气息，能够有效地推动社区公共事务的共同行动和共同效能的发挥，而中间变量则是社群关系创造的社群韧性。一是社区活力的基础是居民安全感，安全感是社区成员放下心中的异质性，求同存异的过程，这就不难解释，为什么在熟人社会更容易因为顾全大局或者集体的利益而放弃或者牺牲个人的利益，安全感依赖于社区物理韧性的构建，这在一定程度上能够为社区抵御风险灾害提供物理支持。此外，安全感作为居民的一种心理体验，还表现为对组织的信任水平。对组织信任水平越高，居民的安全感越充足，这一安全感具体表现为社区组织能力的提升。二是活力意味着社区具有较强的随机应变能力和学习能力，能够适应变幻莫测的复杂环境，善于基于组织内部的特征调整策略，随机应变，保持灵活性。三是社区活力强调治理韧性，兼具自上而上和自下而上的双重互动机制，一方面通过自上而下的管理维持社会秩序的运转，另一方面在保证了社区稳定平安的基础上使居民运转起来，实现更广泛的群体平等参与公共事务的社区自治。活力更强调通过治理的方式发挥治理主体的主观能动性，能够在社区内部实现更广泛的连接，共同为社区发展贡献出自己的力量。

社区营造理论认为，复杂关系来自自组织，人与人的自组织层层联结成为复杂系统，解释这一复杂系统的关键是自组织，即了解社区中独立的个体如何连接成为一个自组织（共同体）。联合社区韧性评估体系认为，应该从领导力、集体效能、准备、场所依赖、社会信任、社会关系角度分析社区韧性。[21] 单从社区韧性的内涵来看，包括了社区归属感和社区的自组织能力。社区归属感意味着社区居民对整个社区本身和社区公共事务有较强的认同感和参与意愿，即能够放弃个人的异质性遵循集体的共同利益，在社区的公共事务上能够摒弃成见，维持人人相互平等的社会地位，共同促进社区共同繁荣。因此，基于社区归属感的社区活力能够实现差异性社会群体的良性互动，这是城市社区的初级活力。而社区自组织能力的培养有三种途径：一种是通过自上而下的行政层级关系构建的正式连接，主要表现为上传下达和组织间的非正式交流，具有较强的行政资源获取能力。二是群众通过共同的兴趣爱好、共同阶段需求、共同事项连接形成了小团体。这一类组织的参与人员有限，但是其连接能力和组织能力强。三是通过党建引领的方式以共同目标和党员身份象征的组织。党建引领是具有无缝隙渗透性且保持人人平等参与的组织方式，兼具较强的行政资源获取和社会资源获得能力，在人员规模上有更大的范围，以为人民服务为组织使命，落实到社区就是更好地为社区服务，继而盘活社区内的服务资源，实现社区不同主体的共同参与。

社区自我管理、社会化发展阶段证明市场和社会能力不足，在中国情景下，社会组织不能适应社会自治新要求，其专业化能力也不足，难以实现共同参与社会治理的目标。因此，社会治理能力的培育需要一个组织核心，这一组织核心需要较强的渗透能力和资源截取能力，能理顺政府与社会和市场的关系，实现自上而下的管理功能[22]，也能实现居民、社会和企业等不同治理主体平等参与公共事务的能力。毫无疑问，党在基层的引领作用就成了社会治理的核心。一方面，党政体制设计使得政府具有为人民服务的宗旨，将行政资源合理地利用在居民需求的解决上。社区治理需要城市社区突破原有的行政桎梏，真正实现社区共同体的转变，通过党建引领的方式重新调整基层治理结构，重新分配基层行政资源。另一方面，中国基层治理的经验证明了社会组织在基层能力不足，通过党支部的建立重新确立国家和社会连接，具有党员和群众身份的个人都被为人民服务的宗旨连接起来，成为平等的公共事务参与和组织任务践行的骨干，打破行政组织层级的限制实现平等有序的参与。因此，党建引领在社会治理地位的再次确认为社会治理创造了条件，不仅重塑了自上而下的行政资源分配，又通过党支部对社会组织、市场主体、社区居民强有力的无缝隙渗透能力构建了社区治理联盟。这一联盟共同促进社区的发展，通过治理关系强化社区内部的社群连接，进一步提升社区的社群韧性，激发社区活力。

五、走向共同体的社区治理

“社会管理不是要追求一个无差别、无矛盾的社会，而是要在不同利益群体之间建立一个有序的关系”[23]，因而社区治理聚焦在社会关系治理。正如卡尔・马克思在《关于费尔巴哈的提纲》一文中提出：“人的本质并不是单个人所固有的抽象物。在其现实性上，它是一切社会关系的总和。”社区在中国情景下是一个治理单元概念，基层治理中探索了一系列基层组织方式，如楼长制、网格员制度，这在一定程度上试图解决社区行政管理空心化的局面。新时期社区发展成为社会治理现代化能力的重要内容，基层治理不再是经济增长的缓冲器，而成为城市发展和国家治理能力的核心。越来越多的实践表明，经营城市不再通过引进巨型项目、土地财政化等手段，居民体验感成为城市发展的重要目标，即城市活力的养成。城市社区成为城市活力的重要场所，社区不再是居民实现生活需要、提供便利性的公共服务的末梢，社区被赋予了居住共同体、生活共同体和治理共同体三种内涵。

一是居住共同体。强调在一定空间范围内差异性人员的密集集合。居住功能是社区基本功能，也是区别于经济发展功能的重要标志。单位制社区往往兼具居住功能和生产功能，因此在单位制社区的居民能够在社区内实现生产生活一体化的功能，同时单位制社区居住成本较低，基本公共服务都由单位兜底供应。但在陌生人环境的商品房小区，随着房价的攀升，居民的居住成本迅速上涨，因此对居住环境和生活环境提出了更高的要求，这就不难解释为何在单位制小区大家都不以为然的事情在商品楼小区变得更针锋相对。现代商品房价格对整个家庭来说都是巨大的，在巨大的成本投入之后居民对后续的收益显得更敏感，而商品房小区作为市场主体，经济利益成为其重要目的。在这一激化的矛盾下，资本的逐利性和居民对“家”的渴望成为阻碍构建居住共同体的主要因素。为此，有一些城市借鉴单位制小区的模式，通过建立产业社区的方式加强社区的生产功能，这在一定程度上能够缓解长距离的生产通勤，提高居民的居住舒适度，同时通过经济连接提高居民的社群关系。

二是生活共同体。生活共同体意味着居民需要在一定范围内实现不同层次的生活需要，比如教育医疗等基本公共服务，便捷性成为生活共同体的重要考量指标。便捷性不仅体现在社区周围配套设施的物理环境，还表现为居民关系连接上的软性便民。成都社区的“共享奶奶”项目，将社区内有意愿、有能力的退休教师资源与需要托管的小学生资源连接起来，通过自组织的方式达到各取所需的目的。通过生活共同体的构建能够将原本闲置的社区资源调动起来，建立新的联系盘活社群关系，密切了社区内部的共同体，实现了社会治理能力的创新和提升。生活共同体的建立也是城市社群建立连接的重要内容，比如通过社区内部的公共空间的规划和社区事务的联系，加强社区内部成员的参与热情，同时通过场景的营造和细节的打造为社区提供一些居民共同生活的场景，进一步提高社区居民的关系连接。

三是治理共同体。如果说居住共同体的打造强调社区外部环境的宜居性，生活共同体的打造强调社区内部成员对集体事务的联系，那么治理共同体则强调对社区居民主人翁意识的提升。居住共同体强调居住的安全感，生活共同体强调居住的归属感，而治理共同体强调主体的能动性。这一能动性的打造实现了居民在基层治理的主体地位，通过党建引领的方式激活社区内资源，实现城市社区内共建共治、治理成果共享的过程。共建和共治主要是为了重塑社区内的情感连接，即激活城市社区活力，实现城市社区成果全民共享的过程，而在实现了共享之后又进一步提升群众的参与热情和积极性，进一步提高城市社区的参与活力。这一治理共同体不仅能够调动和发掘城市社区内部的各项资源，同时更实现了居民的自我实现能力。

党的十九大提出了共建共治共享的社会治理要求，这一要求是对城市社区发展的重要论述，而且指明了基层治理的重要内涵。面对疫情风险频发的城市社区，我们越发清晰城市社区中最大的抗疫能力是人，是具有自组织能力的人，这是城市社区发展的稳定器和激发城市社区活力的根本原因。城市基层治理也成为中国抗疫的法宝，从来没有一个国家在基层治理单元有如此的组织力。在党建引领下，不同的社会主体积极参与，共同为社区治理贡献自己的能力，再次证明了党在基层中的号召力和领导力。未来，肩负为人民服务的政府，积极参与的社会组织，活跃的有奉献能力的市场，有序参与的社区居民，在党建引领下构建社区治理共同体，通过社会治理共同体的发展实现城市社区的不断发展。城市的活力在社区治理共同体的作用下会进一步提高城市社区的韧性，促进城市社区的美好和谐发展，共筑人民之城！

参考文献：

[1]吴晓林.城市社区如何变得更有韧性[J].人民论坛,2020(29):19-21.

[2]张勤,宋青励.推进党领导的基层社区韧性治理能力现代化[J].中国应急管理科学,2021(6):4-12.

[3]刘建军，王维斌."社区中国":原理、地位与目标[J]. 城乡规划，2018(3):58-64.

[4]施生旭,周晓琳,郑逸芳.韧性社区应急治理:逻辑分析与策略选择[J].城市发展研究,2021,28(3):85-91.

[5]蔡禾，黄晓星.城市社区二重性及其治理[J].山东社会科学，2020(4).

[6]唐钧.当代中国城市的人口与社区[J].中国人口科学,2004(5):28-34.

[7]何艳玲，宋锴业.社会治理的国家逻辑:基于警务改革史的分析[J].社会学研究,2021,36(4):92.

[8]张文宏.社会资本:理论争辩与经验研究[J].社会学研究,2003(4):23-35.

[9]安东尼·唐斯，唐斯，郭小聪.官僚制内幕[M].北京:中国人民大学出版社，2006.

[10]人民日报评论员:以共建共治共享拓展社会发展新局面[EB/OL]. https://baijiahao.baidu.com/s? id=1676543586332352420.

[11]陈家建,赵阳."低治理权"与基层购买公共服务困境研究[J].社会学研究,2019,34(1):132-155.

[12]简·雅各布斯. 美国大城市的死与生[M]. 2 版. 南京:译林出版社, 2006.

[13]蓝煜昕,张雪. 社区韧性及其实现路径:基于治理体系现代化的视角[J]. 行政管理改革,2020(7):73 - 82.

[14]廖茂林,苏杨,李菲菲. 韧性系统框架下的城市社区建设[J]. 中国行政管理,2018(4):57 - 62.

[15]EVANS J P. Resilience, ecology and adaptation in the experimental city[J]. Transactions of the Institution of British Geographers,2016,36(2):223 - 237.

[16]席居哲,桑标. 心理弹性研究综述[J]. 健康心理学杂志,2002(4):314 - 318.

[17]彭翀,郭祖源,彭仲仁. 国外社区韧性的理论与研究进展[J]. 国外城市规划, 2017(4):60 - 66.

[18]NORRIS F H,STEVENS S P. Community Resilience as a Metaphor, Theory, Set of Capacities, and Strategy for Disaster Readiness[J]. American Journal of Community Psychology,2008, 41(1):100 - 112.

[19]CUTTER S L,BURTON, C G,Emrich C T. Disaster Resilience Indicators for Benchmarking Baseline Conditions[J]. Journal of Homeland Security and Emergency Management, 2010,7(1):51.

[20]AINUDDIN S,ROUTRAY J K. Earthquake Hazards and Community Resilience in Baluchistan[J]. Natural hazards, 2012, 63(2):909 - 937.

[21]黄静晗,邱霈恩,张佳琳. 城市化进程中转型社区的韧性重塑研究:以福州 L 社区为例[J]. 城市发展研究,2021,28(6):112 - 118.

[22]YANG Y A , CH B , YY C , et al. Top - down intergovernmental relations and power - building from below in China's urban redevelopment: An urban political order perspective[J]. Land Use Policy, 109.

[23]蔡禾. 从利益诉求的视角看社会管理创新[J]. 社会学研究, 2012, 27(4):10 - 16.

名家访谈

“五问”社区工作法

田毅鹏　何立军

编者按：在中国基层社会治理体系层级中，城市社区居委会和农村村委会是最基层的组织构架。在城市里，人们常常将整日穿街走巷的社区负责人形象地称为“小巷总理”，因为其所承担工作的总体性和综合性特征突出，几乎无所不包。党的十八大以来，伴随着城乡社区治理不断深化，国家有关部门大力提倡总结基层一线社区工作者的工作法，同时积极推荐福建“军门社区工作法”①，在社会上产生了极大反响。何谓社区工作法？总结和提炼社区工作法的重要作用是什么？如何提炼社区工作法？社区工作法的特点是什么？如何应用社区工作法？关于这些问题的思考与探讨在社区治理实践深化中弥足珍贵。为此，中国社会治理研究会秘书长何立军围绕社区工作法话题专访了教育部“长江学者”特聘教授、吉林大学社会学院院长田毅鹏。

何立军：民政部对于社区工作法曾作出过比较权威的概括，您如何看待和定义社区工作法？

田毅鹏：民政部原基层政权和社区建设司负责人曾对社区工作法作出如下界定：“社区工作法是对社区组织开展社区工作的工作理念和工作方法的科学总结提炼，是推进社区治理现代化的重要手段和必备工具。社区工

① 习近平总书记曾于1991年、1995年和2014年三次莅临福建省军门社区视察。其中，2014年11月，习近平总书记视察军门社区时，充分肯定了军门社区工作经验，同时对新形势下的社区工作作出了“三个如何”的重要指示，即“要多想想如何让群众生活和办事更方便一些，如何让群众表达诉求的渠道更畅通一些，如何让群众感觉更平安、更幸福一些，真正使千家万户切身感受到党和政府的温暖”。本文中“军门社区工作法”的主要内容依照《民政部办公厅关于推广军门社区工作法和开展优秀社区工作法征集展示活动的通知》（民办函〔2018〕42号）中对“军门社区工作法”的概括。

作法来自基层探索实践，生成于基层改革创新，是具有鲜明特色的新时代群众工作方法，是新时代党的群众路线的生动实践。不同发展阶段需要我们在社区不断创新群众工作方法。”

我认为，社区工作法主要是指基于社区工作者在社区治理实践中积累起来的优秀工作经验而提炼概括出来的带有创新性和普遍意义的工作理念及其所使用的工作创意、方法。通常情况下，社区工作法是以优秀的社区工作者及社区团队在社区治理实践中的实践探索经验为依据，而由社区治理实践者、政界和学术界总结概括而成。

理解社区工作法应注意以下几个方面：第一，社区工作法的实践创新主体是优秀的社区工作者及其所在的社区团队。第二，社区工作法应该带有普遍性和创新性，是优秀社区工作者在投身社区治理创新工作的过程中，基于其所在社区面临的问题而展开的带有普遍性和创新性的探索。第三，社区工作法涉及从宏观、中观到微观，从静态的社区工作元素构成及关系调适，到动态的工作运行、社区工作时序关系的调整、工作重点确立的强调等，具有极为突出的丰富性。

何立军：对社区工作法作出提炼概括有什么独特的重要价值？社区工作法何以可为？

田毅鹏：这个问题可以从“基层社会治理传统的继承”和“现实社会的迫切需要”这两个方面来加以理解。

关于传统的继承。首先是对中国传统乡土社会基层治理独特历史传统的继承。在漫长的历史发展进程中，我们可以看到在“皇权止于郡县”的背景下，中国古代社会形成了通过乡绅参与治理的调节方式，士绅与地方政权的良性互动，实现了基层社会自我管理的传统。其次是中国新民主主义革命时期和社会主义建设初期革命的群众路线和基层动员传统。一是中国共产党的军队及政权走群众路线，通过自上而下的方式，实现潜在的动员与参与。二是通过农协、妇女自救会、儿童团等群众自我组织的方式给革命提供最为直接而持久的支持，使得革命获得群众的坚定支持。三是中华人民共和国成立初期以来形成的以单位制为主线，街居制为辅线的基层社会管理动员的传统范式。中华人民共和国建立起“国家—单位—个人”的纵向单位体系，实现了基层社会的单位化变迁。这些作为社会治理方法的传统，在今天依然具有其特定的价值和意义。

新世纪初期，尤其是党的十八大以来，国家基层社会治理体系改革的迫切需求有以下几方面：一是从基层社会治理实践的维度来看，基层领导干部、社区工作者和学术界，围绕着基层社会治理展开了大规模的社会创新实践，形成了众多的创新经验，对其展开实证研究和理论概括已迫在眉睫。比如，社区治理的研究和实践中“只见制度不见人”的问题。二是技术治理、智慧社区、线上线下互动等与技术高度相关的概念已成为当代基层社会治理的核心热词。近年来围绕着基层社会技术治理，全国各地展开了富有创新意义的实验和探索，尤其是以2020年抗击新冠疫情为契机，更是出现了技术治理空前的实践探究的高潮，形成了浙江“衢州经验”等代表性的技术治理模式。但值得注意的是，在诸多实验探索中，仍有一些关于基层技术治理的关键环节和操作难题尚未得到较好的理顺和解决，比如如何破除由行政科层体系搭建起来的“信息孤岛”，如何避免“上下区隔”将“线上力量”与“线下社会”打通等。

何立军：您认为，在提炼概括社区工作法的过程中，应当注意哪些方面？或者说，与一般的社区工作经验总结有什么区别？

田毅鹏：既然称之为“社区工作法”，那么，在具体的提炼概括中，便应该超越一般工作经验而具有一定概括性和理论思辨性，从而达到接近于“道”和“理”的高度。

首先，社区工作法到底应该由谁来提炼。一般说来，社区工作法的提炼无非有两种途径：其一是优秀的社区工作者本人通过自身的工作实践感悟，提炼概括出属于自己的工作法。但此种情况不甚多见，很多优秀的社区工作者虽然自己的工作业绩非常优秀，但出于各种原因和局限性，未必能进行工作法意义上的总结提炼。其二是“他者总结提炼”。如学术界、党政主管部门、新闻媒体等“他者”，在发现了优秀社区工作者的事迹之后，通过访谈、观察、调查等研究方法，概括提炼出工作法。中华人民共和国成立以来，基层社会治理领域具有重大影响的工作经验几乎都是遵循这样一个途径被“提炼概括”出来，进而升级为工作法的。比如，中华人民共和国成立以来关于基层治理最为经典的概括，应首推中华人民共和国成立初期经毛泽东主席亲自批示的“枫桥经验”。从一些历史回忆的资料看，在“枫桥经验”总结概括的过程中，上自国家部委，下至基层政府，都倾力参与其中，相关领导指示其概括“文字要短，多采用群众活动和群众语言。导语十分重要，要直截了当、简明扼要地提出问题，要引人看下去”。

其次，就社区工作法的来源而言，因其具有鲜活的实践性和经验性，但同时又必须具有学理价值，所以应该超越一定的条件限制，具有一种普遍的规律性和适用性。任何一种社区工作法，只要将其提到了“法”的高度，它便不再是一种工作经验平铺直叙式的转述和简单介绍，而是具有了一定的哲理性。这种哲理性应该是建立在对基层治理逻辑的理解和认识基础之上的。

何立军：在国家大力推进基层社会治理体系和治理能力现代化的背景下，您认为社区工作法的特点有哪些？

田毅鹏：在长期的社区治理工作实践中，很多优秀的一线社区工作者积累了丰富的、具有鲜明时代性和个人特色的基层社区工作经验。从一般意义上分析，社区工作法具有以下几个重要的特点。

一是总体性。社区整体治理构成了社区工作法最为重要的特点。比如“军门社区工作法”① 是在实践经验基础上总结提炼的以党建创新推动社会

---

① “军门社区工作法”的核心要义可以概括为“13335”，即坚持一个领导核心，健全三项机制，搭建三个平台，强化三项保障，打造“五在社区”。“1”是坚持党建引领。即加强思想建设，健全组织保障，强化宣传引导，突出党在基层治理的领导核心地位。始终以党组织的引领贯穿于社区治理和服务的全过程。“3”是健全三项机制，即健全政府治理机制、居民自治机制、社区共治机制。通过理顺政府、社区与社会的权利和责任边界，以社区治理撬动国家行政与居民自治间的动态平衡，形成广泛的共治合力。“3”是搭建三个平台，即搭建社区工作平台、社区诉求平台、社区服务平台。形成民情民意的收集、分析、处理和反馈闭环，打通服务群众的“最后一米”，提升居民参与社区治理的主体性、能动性、感受性。“3”是强化三项保障，即强化队伍保障、设施保障、资金保障。整合社区资源，形成可持续的人、财、物的支持网络，提升社区治理和服务质量和效能。“5”是打造“五在社区”，即安居在社区、友爱在社区、和谐在社区、欢乐在社区、幸福在社区。营造和谐宜居、睦邻友善、文明祥和的新“熟人社会”，提升居民群众的获得感、安全感和幸福感。

治理而形成的具有全面性、系统性、精准性的社区工作方法，正是对习近平总书记“三个如何”追问的积极回应。二是群众性。通过社区党组织，将党的温暖、党的路线方针和政策传输到一般群众尤其是困难居民的生活之中。基层党务工作者，要善于从群众中发现力量，并将其组织起来，形成具有组织化、制度化依托的社区建设自主性力量。三是针对性。真正意义上的社区工作法一定不是脱离社区实际的花架子，而是基层治理的实践者面对社区治理中遇到的一系列真问题而提出的。四是创新性。在城市空间分异现象、社区老龄化和居住空巢化现象、“城中村”现象、社区多样化和复杂化逐渐普遍存在的背景下，基层治理必须以创新精神投入到复杂的社会治理的进程之中，方可以较好地回应时代的需求和挑战。五是链接性。即在党、政府与居民之间，在政府、市场、社会之间，建立起一种具有特殊意义的链接。比如，社区工作者一方面在工作中需要将党和政府下沉的各种政策及服务传递给居民，同时又需要把社区无法解决的居民的需求和诉求按照一定的程序传达上去。六是个体化和团队的结合。一个出色的社区工作者一定要把个体的智慧与团队的行动结合起来，形成一个整体，进而将其工作法转化为社区工作者的集体意识和集体行动。七是技巧性。社区工作法中治理的技巧性主要表现在社区微治理的具体场景及环节中，那些颇具创意的社区调节和矛盾化解技巧，都是社区工作者在社区治理实践中根据自己的亲身体验提炼概括出来的，具有草根在地性和广泛的应用性，对于维护社区和谐稳定和推动社区法治建设具有重要作用。值得一提的是，草根治理术在教科书中是根本找不到的。正是有这些社会条件作为支撑，其调解和化解的技术的推进方成为可能。

何立军：社区工作者在学习、借鉴社区工作法时，应如何运用社区工作法？

田毅鹏：社区工作者在学习社区工作法的过程中，需要通过命题概括把握其背后真实的社会逻辑，社区工作法提炼不是单一的抽象思辨活动，而是具有较强的应用性。

第一，社区治理和服务工作是一个需要较强工作理念作为价值支撑的职业，这是学习借鉴优秀社区工作法首先应该注意的。第二，必须把学习优秀社区工作法与现实中的工作经验积累结合起来。无论是探索自己的工作法，还是学习借鉴别人的工作法，都需要在工作中努力积累工作经验；只有在积累了丰富的经验积累的基础之上，才能在基层社会治理的实践中游刃有余。第三，学习借鉴工作法的过程中，要注意理解和区分社区工作法的不同类型，从而建立起工作法范型与基层社会治理现实之间的密切勾连。第四，学习、借鉴、运用社区工作法的过程中，要注意“关系条件”。因为社区工作是以人为对象的复杂的治理和服务的实践活动，任何意义上的社区工作都离不开“关系条件”的支持。尤其是在城市社区，随着深度城市化和现代化的不断推进，社会结构与关系结构都发生了一系列重大的变化。第五，强调社区治理活动的实践性。无论是学习借鉴优秀的社区工作法，还是探索总结提升自己的社区工作经验，都应与真实生动的社区治理活动结合起来。因为只有将自己化作一个充满激情的社区治理的“行动者”，深度地嵌入到基层社会治理的复杂进程之中，才能发现充满复杂的关系互动和真实的矛盾冲突，锤炼出扎根社区的坚韧品格，真正完成治理能力的提高。

治理探索

“由民做主”：社区治理模式探索与实践

马成芳　魏天辉　王卫平[①]

摘要：山东省潍坊市中心城区奎文区，践行“以人民为中心”思想，创新群众工作方法，改变过去那种“为民做主”的传统做法，探索创新了“由民做主”的社区治理模式。该模式通过居民提事、网格议事、协商定事、联动办事、群众评事“五事”工作流程，使社区工作者在社区协商方面有章可循，解决了社区治理难题，取得了良好的社会成效，荣获民政部“2015年度中国社区治理十大创新成果”提名奖。本文从“由民做主”理念提出的背景、面临的问题，“由民做主”模式推进过程中的做法，以及该模式取得的成效方面进行了介绍，旨在为新时代背景下的社区治理提供有价值的参考。

关键词：由民做主；社区治理；模式创新

“当官不为民做主，不如回家卖红薯。”面对群众需求的多元化和复杂化，“为民”“替民”所做的主，还是群众所真正需要的吗？党的十八大以来，坚持“以人民为中心”的发展思想，贯穿于以习近平同志为核心的党中央治国理政的全部实践之中。在郑板桥曾经工作过的地方——山东省潍坊市中心城区奎文区（以下简称奎文区），践行“以人民为中心”的思想，创新群众工作方法，改变过去那种“为民做主”的传统做法，探索创新了

① 马成芳：山东省潍坊市奎文区社区工作服务中心主任。魏天辉：山东财经大学法学院研究生。王卫平：山东省潍坊市奎文区社会保险事业中心主任。

“由民做主”的社区治理模式。该模式取得了良好的社会成效，荣获民政部“2015 年度中国社区治理十大创新成果”提名奖。

一、“由民做主”理念提出的背景、面临的问题

（一）提出的背景

奎文区是山东省潍坊市的中心区，面积 57.6 平方千米，人口 44.3 万，辖 8 个街道办事处、65 个社区。65 个社区由过去的 42 个城市社区和 59 个“城中村”（包括城郊村，以下统称“城中村”）合并调整而来，调整前区域特征呈现“三交叉”，即城乡地域交叉、农民居民生活交叉、街乡社区治理交叉。这种“三交叉”导致了管理职责不清、社区服务不精准、资源整合力度松散等，给社区治理带来难度。为此，奎文区着力完善社区治理结构，创新社区治理机制，推进基层民主，提升社区治理能力和服务水平。

1. “三改”加快城市化进程，形成“由民做主”社区治理模式的城乡一体化

第一“改”是“城中村”改造。从 2004 年开始，按照“先规划后建设、先招商后征收、先安置后开发”的原则，全力加快“城中村”改造步伐，目前 90% 的“城中村”已完成改造任务。经过改造，原来的“城中村”“脱胎换骨”，基础设施健全，人居环境改善，群众生活品质提升，社区功能完善，实现了“城中村”居住方式的城市化。第二“改”是农村集体资产改制。从 2008 年起，全面推行以股份合作为主要形式，以清产核资、资产量化、股权管理为主要内容的农村集体产权制度改革，全区所有“城中村”全部完成集体资产改制，成为山东省首个整建制完成集体资产改制的县市区，实现了“城中村”生产运营方式的城市化。第三“改”是“村改居”。2010 年 10 月，全区所有“城中村”全部完成撤村设居，7.5 万农民全部转为城镇居民，在教育、医疗、养老等方面和城市居民享受一样的待遇，实现了“城中村”公共服务的城市化。通过“三改”，农村变城市，

村庄变社区，村民变股东和居民，破除了城乡“二元制”带来的发展障碍。城乡一体化的形成，促进了社区治理中的资源整合、统筹发展、均等服务。

2. “网格化”优化社区布局，形成“由民做主”社区治理模式的空间架构

奎文区在“三改”完成后，为从根本上实现城乡融合，提出了网格化治理模式。一是合理划分社区网格。按照“地域相邻、规模相当、方便管理、网络到底”的原则，以街、路、巷、河为界，将全区划分为65个社区网格。按照“社区—片区—楼组—楼栋—单元”分为五级网格，并对网格进行编码管理，形成了横向到边、纵向到底、全覆盖的网格化社区空间架构。二是选优配强治理队伍。配备网格工作力量，每个片区网格（二级网格）配备社区民警、民情巡访员、网格信息员等工作人员，按每200户左右一职的标准配备专职二级网格管理人员共1316名；片区网格（二级网格）、楼组、楼栋、单元设立网格长、楼组长、楼长、单元长，协助管理网格事务。三是提高社区服务水平。全区65个社区共细化为367个二级网格，按照每户每年12元的标准由政府拨付网格经费。推行“人到格中去、事在网中办”的运行模式，二级网格长和网格管理员通过走访入户、建立微信群等方式，熟悉社区内各方面情况，做到第一时间掌握社情民意，遇到问题快速反应、主动介入、高效处理。二级网格发挥了党建“先锋角”、服务“百宝箱”、民意“速递站”、政策“宣传点”的作用。“网格化”空间架构，形成了上下贯通、左右联通、条块联动、良性互动的社区治理工作格局。

3. 社区“大党委”统领，建立“由民做主”社区治理模式的组织体系

一是成立社区“大党委”。在每个社区成立社区“大党委”，把辖区内的集体经济组织党组织、“两新”组织和驻区单位党组织全部纳入统一服务管理。二是形成“1+3”组织运行模式。建立社区党委行使领导权、社区居民代表会议行使决策权、社区居委会行使执行权、社区监督委员会行使监督评判权的“1+3”运行模式。三是建立“社区建设联席会议”制度。动员辖区所有机关、部队、学校、企业、社会组织等单位发挥自身的专业

优势，支持参与社区治理。社区治理模式组织体系的形成，强化了党组织在社区的领导核心作用，有利于把握“由民做主”正确方向。

（二）面临的问题

1. 社区容量增加，事务增多，社区“任务繁重”

随着城市化进程的加快，外来务工人员、流动人口的增多，退休人员移交社区管理，下岗失业人员、待安置大学生等各类群体回归社区，“单位人—社会人—社区人”的转变以及高层建筑的增多、人口密度加大等原因，导致社区成员的增加，社区事务大量产生。

2. 居民诉求多元，社区服务“缺位”，群众“不满意”

社区成员的多样化必然导致需求的多样化，加上当今人们价值观的迅速嬗变和思维方式的更新，呈现表达诉求的方式日趋活跃，满足诉求的标准日趋提高。

3. 社情复杂，居民法治意识增强，社区治理“难度大”

在城市化进程中，涉及土地征收、拆迁改造、企业改制等历史遗留问题多，解决起来比较棘手。各类思想观念和利益诉求交织碰撞，导致管理和服务难度加大。

4. 居民主体意识缺乏，对社区事务“不参与”

社区人口构成复杂、流动性强，由从前的“熟人社区”变为“陌生人社区”，许多居民对社区的认可度和归属感不强，关心社区公益、参与社区治理意愿较弱。

5. 社区工作者习惯“为民做主”，唱“独角戏”，老百姓“不买账”

个别社区工作者习惯大包大揽和“替民做主”，不少旨在惠民的民生实事项目由于缺乏民意基础和民众参与而得不到居民的认可，出现“政府买单，老百姓不买账”的现象，甚至“民生”变成了“民怨”。

针对社区治理存在的问题，奎文区提出变“为民做主”为“由民做主”，探索出了一条顺应群众期盼、引导群众参与、便于执行操作的新路子。

二、“由民做主”推进过程中的做法

（一）提出探索阶段

1. 宣传发动，提高认识

2014年12月，奎文区委、区政府召开了全区“由民做主”社区治理模式动员会议，奎文区委办公室、奎文区人民政府办公室印发了《关于深化“由民做主”理念、提升社区治理水平的指导意见》，明确“由民做主”在推进社区治理中的重要作用，根据社区自治事项性质、涉及利益群体的不同，明确居民会议决策、议事会议协商、邻里事项共助、公共事务监督、居民公约自治、群众组织凝聚六条“由民做主”实现途径。

2. 指导引领，组织实施

“由民做主”理念提出后，许多社区工作者不知从哪里下手、如何下手。面对这一现状，区委、区政府先是把社区的“为民办事经费”项目作为落脚点和突破口，把每个社区20万元的“为民办事经费”项目作为推行“由民做主”的载体，进行先行试点。鼓励各个社区发挥居民聪明才智，探索自己的方法。

3. 全面落实，创新推进

2015年4月，区委、区政府召开了全区推进“由民做主”社区治理模式推进会议，奎文区委办公室、奎文区人民政府办公室印发了《关于深化“由民做主”模式的推进方案》，对总体要求、基本原则、重点任务、方法步骤、组织实施等作出要求和安排。全区各社区在区、街道的指导下，选准工作切入点，开始全面运用“由民做主”理念和方法开展各项工作。各社区围绕六条途径，积极搭建社区论坛、社区顾问团、民情议事厅、“两代表一委员”工作室等议事协商载体，不断丰富社区自治资源。至此，“由民做主”模式落地生根。

4. 抓住关键，明确重点

2015年7月，中共中央办公厅、国务院办公厅印发《关于加强城乡社区协商的意见》。根据意见内容，结合奎文区“由民做主”模式，2016年5月，奎文区委办公室、奎文区人民政府办公室印发了《关于进一步深化“由民做主”理念，加快推进社区协商的实施意见》，明确社区协商是基层的一种重要民主形式，是社区治理的主要方式。奎文区探索的“由民做主”模式是社区协商的创新，明确了“由民做主”的方向和路径。如金都社区的“七步议事”工作法、工福街社区“由民做主”九步流程、文化路社区“一二三五”议事法等，都从流程和关键环节等方面探索出了自己的路子。

（二）规范推广阶段

2017年6月，在各社区形成初步经验的基础上，开始制定“由民做主”标准化流程——“五事”工作法。在制定“由民做主”标准化流程过程中，融入社会工作方法，使“由民做主”向标准化、专业化迈进。“五事”工作法的具体做法和流程如下。

1. 居民提事

主要任务是以居民的需求为着眼点，收集居民意愿和社区问题。本着“合情合理合法合规”的原则，通过“社区—片区—楼组（单位）—楼栋—单元”五级网格建立自下而上的居民意愿收集机制。通过建立短信、微信公众号、QQ群等平台，设立意见箱、热线电话等方式，聚焦社区热点、难点问题，将社区成员的需求和问题汇集到社区。

2. 网格议事

主要任务是以宏观结构的视角，分层、分类地分析、预估社区问题。本着“大事不出社区，小事不出网格”的原则，根据社区自治事项性质、涉及利益群体的不同，社区将汇集的问题进行梳理分析和分层分类。涉及楼院、楼栋、单元等局部小范围的环境卫生、设施维护、矛盾纠纷等为群体性问题；涉及社区范围内的重大项目实施或涉及全体居民共同利益的为公共性问题。社区设立多级议事组织，能在网格内解决的事项由网格党支部书记、网格长牵头，组织网格内党员、居民（代表）、利益相关方共同协商；需社区解决的事项，由社区两委牵头，组织协商。

3. 协商定事

主要任务是以“由民做主”的理念，策划工作方案，协商社区问题。本着“居民的事居民说了算”的原则，社区汇总二级网格提交的需要在社区协商的事项，在调查研究的基础上，按照“急难险重”确定协商顺序。涉及需要协商的事情办不办由群众定，办什么由群众定，怎么办由群众定。对公共性问题和重大事项，由社区层面召开居民（代表）会议或者户代表会议协商、表决，视情况可邀请党员代表、“两代表一委员”、法律顾问、利益相关方代表以及街道工作人员、相关部门工作人员等方面的代表参加，注重听取利益相关方的意见。对于重大问题或一次协商未果的问题，可根据情况多次协商。对于专业性较强的问题，可邀请机构、专家等参与协商、策划并制订工作方案。

4. 联动办事

主要任务是以项目管理为目标，推进方案实施，解决社区问题。本着“大家的事大家办”的原则，把经过社区协商确定的项目付诸实施，进入执行阶段。全区全面实施“由民做主”以来，“由民做主”确定的事项清单824项、重点项目104个，涵盖城市管理、社区治理、征收改造、社会治安、文明创建等重点工作，通过项目的实施，有效解决了道路建设、供暖供水、物业管理、旧小区改造等一大批居民关注的“三最”问题。

5. 群众评事

主要任务是以居民群众为主体，监督工作过程，评估工作成效。本着“以群众评价为标准，以群众满意为目标”的原则，在项目实施过程中，定期征求居民群众意见、建议，及时答疑整改和通报项目进展情况，让居民全程参与监督和评价。社区协商确定的项目结束后，组织专家、专业机构、“两代表一委员”、居民代表参与打分，真正把社区的监督权、评价权还给居民。

奎文区社区事务“由民做主”工作流程见表1。

表1 奎文区社区事务"由民做主"工作流程

步骤			工作流程
居民提事	1	提事原则	合情合理合法合规
	2	提事主体	党员、居民(代表)、流动人口、"两代表一委员";社会组织、驻区单位、非公有制企业、小微企业、个体商户和专业市场等
	3	提事内容	涉及物业管理、环境卫生、邻里和谐、安全稳定、社区文化、征地拆迁、扶贫济困等问题,以及涉及社区居民切实利益的公共性、公益性、社会性事项等
	4	收集形式	走访、居民自提、大厅受理、网格反馈、网络平台、市长热线、意见箱等渠道
	5	收集主体	民情巡访员、单元长、楼长、楼组长、网格长、社区两委成员
	6	初级筛选	各类收集主体初步筛选
	7	征求意见	多种形式广泛征求居民意见,保证提事事项最大限度地反映民意
	8	确定议题	根据大多数居民的意见和建议,结合社区情况,形成议题
网格议事	1	议事原则	大事不出社区,小事不出网格
	2	分级分类	社区党组织、居委会根据事项涉及范围、内容和性质,分级分类到单元—楼栋—楼组—片区(二级网格)—社区
	3	议事主体	根据事项分级分类,在网格内解决的由网格党支部书记、网格长牵头,组织网格内党员、居民(代表)、户代表共同协商;需社区解决的,由社区两委牵头,组织社区内党员、居民(代表)、户代表共同协商。根据事项性质,可邀请驻区单位参加
	4	议事方式	积极搭建邻里帮扶会、单元互助会、楼院共建会等载体,通过上门征求意见、电话、座谈、会议、微信群、QQ 群等方式开展议事
	5	议事顺序	根据事项紧急程度、影响范围和居民迫切程度确定议事顺序
	6	确定方案	按照会议程序,少数服从多数原则,确定初步方案或解决方案
	7	自行解决	网格内能解决的事项,通过单元互助会、楼院共建会、邻里帮扶会等自行解决
	8	上报解决	网格内不能解决的事项,提交到社区,由社区召开社区议事会商讨确定

续表

步骤			工作流程
协商定事	1	定事原则	居民的事居民说了算
	2	收集汇总	社区汇总各二级网格提交的需要社区解决的事项
	3	梳理分类	召开社区“两委”会议，按照轻重缓急、居民意愿程度确定协商顺序
	4	调查研究	社区“两委”对提交的事项，详细了解情况，确定可行性、可操作性
	5	确定协商事项	召开部分党员代表、居民代表、驻区单位参加的协商会议，确定需要协商的事项
	6	定事主体	社区党组织牵头，组织居委会成员、党员代表、居民代表、两代表一委员、法律顾问、利益相关方代表以及街道工作人员、相关部门工作人员等方面的代表参加。专业性、技术性较强的事项，可以邀请相关专家学者、专业技术人员、第三方机构
	7	会前通报	根据确定的议题，提前向定事主体通报协商主要内容
	8	会议决策	针对协商事项，充分酝酿，发表意见，并进行表决，确定解决事项的办法、流程、时间及责任者等
	9	公布结果	经表决协商通过后的方案向提事主体及相关利益方公开
联动办事	1	办事原则	大家的事大家办
	2	办事主体	居委会、业委会、物业公司、驻区单位、社会组织、专业社工、志愿者队伍、居民、利益相关方以及招投标单位等
	3	办事形式	招投标、四社联动、物业公司和驻区单位承办等
	4	组织实施	由办事主体按照方案，按标准要求和时间组织实施
	5	进展通报	根据项目进度、涉及范围，通过召开会议、公示栏、网络平台等形式及时跟踪通报，增加工作透明度，确保居民的知晓权
	6	答疑解惑	办理过程中，随时接受居民和监督委员会的监督和询问
群众评事	1	评事原则	以群众评价为标准，以群众满意为目标
	2	检查验收	社区“两委”组织党员、居民代表、专家、专业机构、监督委员会成员等进行检查验收
	3	满意度测评	社区“两委”组织党员、居民代表、利益相关方等对“由民做主”事项实施情况进行满意度测评。对满意度低于80%的事项，责成责任单位整改完善
	4	通报反馈	根据事项涉及的范围通过召开会议、公示栏、网络平台等形式进行通报，反馈办理结果
	5	全程监督	提事主体、利益相关方、监督委员会成员等参与“由民做主”事项的全程监督
	6	评估结案	总结有效方法，查找问题和不足，形成的材料立卷归档

（三）深化提升阶段

奎文区“由民做主”社区治理模式推行以来，各社区坚持问题导向和需求导向，结合社区实际，选准工作切入点，不断扩宽“由民做主”范围和渠道，丰富“由民做主”内容，全面把握、突出重点、有序推进，现在已经成为社区治理的一种常态化工作模式。

1.“由民做主”互动信息化

以“中国奎文”网站、“社区信息化管理服务平台”“奎文党建云平台”为依托，开设社区网络论坛、微信群等互动微平台，吸引更多居民参与社区公共事务。居民有任何的批评、意见和建议可以随时随地在群里和平台上发布，网格管理员和社区工作者及时汇报、回应和答复，起到了“一人提事、多人互动、众人监督”的作用，疑虑在第一时间解开、问题在最短时间解决。

2.“由民做主”运用广泛化

各社区根据社情制定了详细的“由民做主”事项目录，目录数量在42—59 项之间，全区平均数量 52 项。从分类看，涉及居民切身利益的公共事务、公益事业，当地居民反映强烈、迫切要求解决的实际困难问题和矛盾纠纷，党和政府的方针政策、重点工作部署在社区的落实，法律法规和政策明确要求协商的事项等；从问题看，主要集中在“物业管理”“安全问题”“乱搭乱放”“环境污染”“拆迁安置”“邻里纠纷”和“宠物伤人”等（见图 1）；从范围看，“由民做主”触角延伸到小区、楼栋，项目涉及社区单位、社会组织和居民。

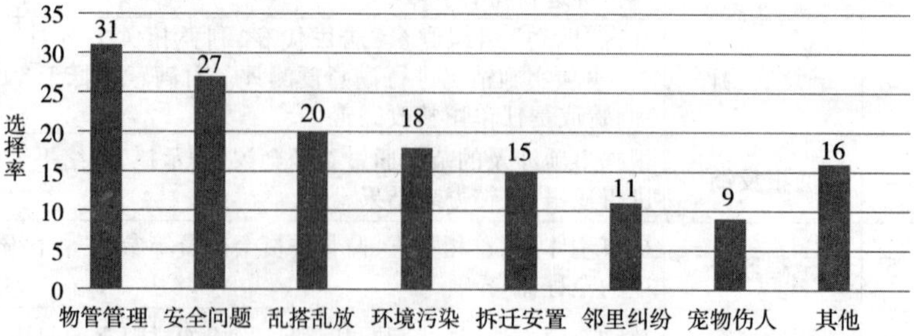

图 1 “由民做主”事项（按问题分类）

3. “由民做主”社区治理模式专业化

奎文区的“由民做主”“五事”工作法中嵌入了个案、小组、社区等社会工作的专业方法，健全完善社区、社会组织、社会工作专业人才、社区志愿者“四社联动”机制，以专业社工引导、社会组织介入的方式，动员社区居民积极参与社区治理。同时，事项协商办理过程中邀请专家、学者、专业机构及相关部门参与，给予专业指导。

三、“由民做主”取得的成效

（一）减轻了社区负担

“由民做主”社区治理模式，挖掘、整合和发动了社区力量参与社区各类事务，社区工作得到了居民的理解、赞同和支持，减少了工作阻力，干起来更顺畅；充分集纳了群众智慧，社区治理的点子和办法增多；居民由站在旁边看到撸起袖子一起干，分担了社区原本繁重的任务。“由民做主”社区治理模式使街道、社区实现了从管理到服务的角色转换，做到了不该管的不管、能放手的放手。社区工作者腾出更多的精力了解民意、提升社区环境、实施精准服务。

（二）提升了工作水平

“由民做主”社区治理模式渐渐成为社区的主要工作方法。这种方法已成为一种工作习惯，成为介入社区各项工作的一种路径。秉持这种方法，社区工作者的工作能力明显提高，推开了解决多年遗留问题的一扇门。辖区内松鹤园社区按照“五事”工作法，对张面河小区进行全面的改造提升后，实行市场化物业管理，整个过程中群众成为解决问题的主体，通过这次实践，社区工作者组织居民协商议事、项目化运作、整合社区资源等方面的能力迅速提高。

（三）解决了棘手问题

“由民做主”社区治理模式对土地征收、拆迁改造、企业改制等历史遗留问题以及难度较大、涉及面广的问题，治理效果尤为明显。如棚户区改造是一项涉及居民切身利益的民生大事，已经成为基层工作的第一难题。过去在改造过程中，因“为民做主”出现的对抗造成几年拆不完、成本增加、机会错失、回迁变慢等现象。廿里堡街道干部通过“由民做主”在社区中的实践认识到，棚改的过程实质就是群众工作的过程，怎样让群众从不理解、对着干到赞成、支持成为棚改的关键。为此，廿里堡街道在推进棚户区改造过程中按照“由民做主”模式，推举成立“自改委”，主持做好棚改各个环节工作，每个步骤都层层征求和统一群众意见，创新实施“棚户区改造八步工作流程”（以下简称“八步法”），规范了从开始的调查摸底到最后安置房建成、选房分房所有事项。“八步法”共细分为106小步，大流程套小程序，使整个流程有章可循。2017年4月，“八步法”率先在仉家棚改工作中启用，清晰的流程、群众的参与、阳光的操作，赢得了群众的理解和支持，促进了棚改工作的顺利进行。仅两个多月的时间，仉家143户居民住宅全部拆除，腾出土地150亩。

（四）维护了社会稳定

通过推行“由民做主”模式，拓宽与居民群众沟通协商渠道，社区各项工作赢得了居民群众的信任与支持，全区信访总量大幅下降，到区以上信访案件、集体上访同比分别下降21.5%、23.2%（2020年），群众满意率达到89%以上。“由民做主”模式在化解或消解矛盾和问题中发挥了重要作用，维护了社区稳定。

（五）提高了群众满意度

“由民做主”模式广泛征求居民意见，让居民参与全过程并接受监督，实施起来顺民心、合民意。2018年，全区梳理确定为民办实事项目935个，解决民生问题1300余个，帮助解决流动人口子女入学、进城务工人员就业创业等实际问题1500余个，架起了党群干群关系“连心桥”，群众参与社区发展的积极性全面提高。

（六）明确了居民的主体地位

居民参与是激发社区活力、实现共同治理的关键。“由民做主”本着“居民的事居民说了算”和“大家的事大家办”的原则，让居民成为解决社区各类事项的主体。社区工作者基于“由民做主”的理念开展各项工作后，社区居民被关注、被尊重、被重视，感到自己是社区的主人，社区居民的民主意识逐渐激发，并逐渐转化成居民的自觉行动，从被动到主动、从旁观到参与，从后台到前台，从配角到主角，真正实现了“人民当家做主”。

从“绅治”到“自治”
——抗战前后五台山地区村政建设研究①

廖一红　胡洁人②

摘要：本文以国家政权与基层政权的关系结构为视角，考察了抗战前后五台山地区的村政建设。通过将国民政府和中国共产党的村政建设以及治理效果置于合法性分析框架下进行比较，发现国民政府统治下的基层政权将传统乡绅纳入其官僚体系，形成“绅治”的格局，看似实现了对村庄的全面控制，实则因缺少合法性而收效甚微。而中国共产党在根据地建立的抗日民主政权通过成立各级党组织，广泛的宣传动员以及切实有效的经济社会改革，将基层政权建设和民众的社会利益相联系，形成“自治”的格局，最终取得了更大的合法性。针对我国在经济取得巨大发展的同时出现的一系列社会问题，造成合法性资源一定程度的流失，本文为中国共产党在新时代实现合法性资源的生产和再生产提供一种历史经验的解读。

关键词：村政；五台山地区；绅治；自治

一、问题的提出

历史研究表明，传统中国存在两种秩序中心：一是官制领域，以国家为权威中心（管辖权在县级以上）；二是地方领域，以乡绅权威为中心（管辖权在乡村以下），两个系统基本各司其职。近代以来，科举制的瓦解以及

---

① 基金项目：忻州师范学院科研基金项目“晋察冀抗日根据地的村政权建设——以五台山地区为中心的考察”（项目编号：2019KY03）。

② 廖一红（1990—　），女，忻州师范学院五台山文化研究中心讲师、社会学硕士。胡洁人（1983—　），女，同济大学法学院副教授，青海师范大学法学与社会学学院客座教授。

政权的更迭导致农村原有的社会秩序受到冲击，利益共同体瓦解，两种权威系统开始相交。国民政府通过“闾邻制”“编村制度”将国家政权的触角伸向农村，建立了庞大的官僚行政系统，但村庄却呈现失序的状态，以村霸、流氓为首引发的暴力事件频繁出现，社会矛盾的调解更多依靠政府强制力。抗战爆发后，中国共产党建立了以五台山为中心的晋察冀抗日民主政权，在各级党组织的领导下实现了经济复苏、文化复归。在抗战前后不同的政权统治下，村庄治理呈现出不同的景象，治理效果不同的背后是两种政权不同的运行机制以及民众对两种政权不同的政治情感。

国内外学术界对中国乡村社会的研究已积累了大量相关的经验研究成果，其中围绕国家政权与基层政权关系的探讨形成了不同的声音。黄宗智认为，中国共产党建立的新政权实现了国家权力的下移，土地改革、税收政策等则是权力下移的重要保障。在现有的对社会政治结构变迁的考察中，多数学者只看重国家和士绅二元权力结构转移，而忽视了村庄自身内部的权力结构及其与国家的互动。他们提出了“国家—自然村—地方上的非官僚显要人物”的三角模型，认为传统农村是由这三部分共同构建的闭塞内向单位，而中国共产党建立的新政权将国家权力深入到农村社会最底层，“国家—农民”的双边关系取代了三角关系。[1]杜赞奇以权力的文化网络为框架，提出在传统乡村社会中权威体现在宗族、宗教组织中，乡村精英在由宗族代表组成的公会以及庙会活动中获得其统治权威。国民政府建立的政权为乡村精英获得新的权力及威望提供了途径，但却未能找到一种使乡村领袖和国家政权合法化的传统文化网络的可行替代物，反而形成了“国家政权内卷化”，产生了大批赢利型经纪人。这些经纪人形成地方势力渗透到农村，成为国家不可控制的力量，这就形成一种怪圈：国家政权越是想要实现对乡村的控制，就必须不断扩大赢利型经纪人的队伍，结果是越难以实现对乡村的控制。因此，杜赞奇认为，1928 年国民政府统一北方后政权并未实现下移，反而陷入了自我矛盾的困境，而中国共产党建立的新生政权则终止了这种内卷化的趋势，归根到底是共产党了解民间疾苦。[2]张静认为，传统乡村社会乡绅权威来源于地方利益共同体的构建，近代以来，无论是国民党政权还是共产党的新生政权都未能实现国家权力的下移，国家政权建设只是改变了地方精英的身份，使其组成了为官制服务的基层组织。基层权力来源于官方的支持而非社会的承认，形成了一个权力团体，与村民无关，只考虑官方的认可，忽视村庄利益共同体的维护。[3]

上述争论虽看法不一，实则都承认一点，即要想取得基层政权的合法性必须得到乡村广泛的社会承认，否则基层政权和民众就是两张皮。本文针对现有的学术争议，试图研究抗战前后国民政府和中国共产党建立的性质不同的基层政权，其内部的运作机制分别是什么？中国共产党建立的抗日民主政权取得成功的关键因素是什么？本文的创新之处在于，首先，采用比较研究的方法，将中国共产党的基层政权建设置于具体的历史语境中考察，在与其他政权进行比较的基础上探讨治理的有效性，较之于单一陈述某种政权更形象且具说服力。其次，研究为政权的合法性分析提供了若干维度，对于丰富政权建设理论具有一定的参考性。

本文选取五台山地区①为个案探讨这两种政权的基层治理效果，之所以将时间段选择在抗战前后（1928—1945年），一是考虑到这一时期政权更迭较为频繁，便于将不同性质的政权统治进行比较，二是中国共产党建立的抗日民主政权也为未来中华人民共和国农村基层民主自治的政治结构奠定了雏形，对于现代乡村治理和振兴具有一定的借鉴作用。同时，以五台山地区为中心的晋察冀抗日根据地是抗日民主政权建设的典范，将五台山地区作为个案具有一定的代表性。本文的国民政府主要指阎锡山政权，1928年以后，国民政府取得了形式上统一的国家政权，但山西实则处于阎锡山的统治之下，其推行的各项事业在山西发展史上留下了重要一页。研究的资料主要来源包括五台山地区6个区县的地方志以及6个区县的文史资料汇编，这些文史资料由各区县政协文史资料研究委员会主办，是不定期出版的内部刊物，内容涉及戊戌变法至“文化大革命”之前有关政治、军事、经济、文化、民族、宗教以及社会生活等各方面，由各民主党派、各界人

① 本文将五台山地区界定为忻州地区滹沱河的流经区域，包括繁峙、代县、原平、忻州、定襄、五台6个区县。

士的亲历、亲见、亲闻经整理汇编而成。为了保证引用材料的真实性，研究在广泛阅读的基础上就同一事件或问题会用其他人提供的信息或地方志中的原始记录来验证材料的真伪，以了解乡村社会的实况。对阎锡山政权的研究除了使用上述资料外，还包括两部主要著作：一是由山西省地方志办公室主编的《民国山西村政建设》，该书以民国十七年（1928 年）山西村政处刊印的《山西村政汇编》为主要资料来源；二是由中共中央党校《阎锡山评传》编写组主编的《阎锡山评传》，作为中国本土第一部研究阎锡山的专著，该书以“求真、务实”的精神展现了阎锡山的一生，是研究阎锡山村政权不可或缺的资料。后文将分别阐述两种政权的运行机制及治理效果，在对合法性概念进行界定的基础上分析两种政权的合法性。

二、“绅治”和“自治”村政格局的形成

（一）国民政府的“绅治”

自西汉文吏与儒生逐渐结合以后，乡间文化人开始被赋予一定的政治身份。从官方角度来看，乡间文化人，即乡绅，虽不在正式的行政编制中，但却是退休的或预备的官吏，属于官僚系统的“自家人”，因而朝廷往往听任乡绅把持乡政，使乡村处于某种形式的自治状态。这样一来，乡绅则充当了乡村社会的保护人和统治者的双重角色，乡绅凭借社会权威成为乡村权力的实际代表，成为乡村社会礼仪秩序的维护者。清末新政的推行极大地冲击着农村原有的社会秩序，乡绅作为乡村仲裁人的角色开始被消解，农村的旧式教育被摧毁，形成文化断裂，造成乡村精英出现劣化的迹象。面对如此畸形的农村社会，阎锡山在夺取山西政权后，开始对农村实行全面的改革。

1. “绅治”的村政格局

1917 年，山西即倡“村本政治”，试行以村为自治单位，实行编村制度。1922 年，颁布《修正山西各县村制简章》，自此，“区村”制度在山西普遍实行。“凡村足 100 户以上者，为一编村，设村长、村副各 1 人。住户

过多者稍增村副几名，但村副至多不得超过4人。不满100户之村庄，则几村组成联合村，并将联合村编为号数，择定距离适中、人户最多之村为主村，其余联合小村为附村。”[4]

村为自治单位，村自治组织有决议机关、执行机关、司法机关、监察机关等；村自治组织的决议机关为村民会议，由年满20岁的村民组成，负责选举村长、村副等，决议省县法令规定的事项等；村自治组织的执行机关为村公所，设村长、村副，村下编闾邻，五家为邻，设邻长，五邻为闾，设闾长，主要负责执行村民会议决议之事项。五台县于1919年将全县划分为6个区，分别驻城首区、耿镇、寨里、东冶镇、豆村镇、台怀镇[5]；繁峙县于1918年将全县划分为4个区，分别设于县坡、砂河、大营、小石口，共辖589个村[6]；代县于1918年始建区村制，全县划为5个区，分别设在城内、聂营、中解、阳明堡、新广武，共有主村149个、附村304个[7]。“区村”制下村长、村副的产生虽说是由村民票选的，但因财产上的严格限制，有资格当选为村长、村副的也只有富农、商人、地主等传统地方精英，简章规定竞选村长必须有不动产价值1000元以上，村副为500元。[8]“村长、村副的主要职责不是办理与本村村民利益相关的村内事务，而是以执行政府的命令、完成政府的任务为主，具有很强的唯上性。”[9]由此一来，士绅的服务对象开始转向赋予其权力资本的上级政府，与传统乡村社会的联系变得弱化，乡绅重新获得了控制农村的权力。但这种权力来源于官方的行政体系，村政权尽被有权有势的乡绅把持，形成了官绅合办、以绅治民的村政格局。

2. 村政的治理效果

从阎锡山家乡定襄县河边村的村政建设情况可窥见一斑。村公所“除村长、书记（文书）外，还有四名村警。村警穿着警服、皮鞋，头戴大盖帽，腰扎皮带，皮带上别着一根警棍，比普通县衙衙役威风。村长的身份、地位也非常特殊，历任都是挑选优秀的县长担任，外地县长有事到阎府，首先要到村公所拜见村长，接受村长的指点”[10]。1932年，阎编制了《山西省政十年建设计划案》，“该建设计划案第三篇县村建设部分，责成县村自行编订县、村十年建设计划案。当时全省各县的计划案均已编起，并报送山西省政府备案。村的计划案只有河边村一个村编起”[10]。梁漱溟在1929年写的《北游所见纪略》中认为，阎锡山的村政实际状况是“盛名之下，其实难副”。他指出，村政的流弊大者有二：一是“没有实在自治精神”；二是“官府所要办的几项行政，往往是失败无成，就人民说亦受好处，亦受害”。[11]由此可知，村长、村副的选举多数流于形式，村制实行效果很难尽如人意，乡绅虽因被纳入行政系统得以再次扬眉吐气，但这种自上而下的行政统治割断了传统农村的“自治”习惯，绅、民之间断裂的纽带依旧未得到修复或再造，乡绅作为农村代言人的地位再度被削弱，统治的合法性受到质疑。

传统乡村社会和阎锡山村政建设中均将乡绅放在重要的位置，成为管理村庄事务的主要人员，但二者却有所区别。首先，权力来源不同，服务对象不同。传统乡村社会士绅的权力来源于村庄共同利益的建构，基于村庄共同体之上的合法化是地方乡绅权威真正的权力基础所在，因而士绅服务的是整个村庄共同体；阎锡山村政中士绅的权力来源于国家授权，乡绅权威从村庄共同体中剥离出来，被整合到官方体系中，以此实现了国家权力下沉，形成了“单轨政治”，[3]30即自上而下的政令容易下达，自下而上的利益传递渠道却被堵塞，服务对象也转为向上的官方。其次，治理方式不同。传统乡村社会士绅用以调解纠纷的工具多是浸透了儒家伦理的乡里道义；阎锡山村政中的士绅多缺乏老一辈乡绅拥有的文化资源，没有了传统乡里道义的支撑，原始的血亲复仇开始盛行，更多的是用武力解决问题，造成监狱警察系统规模日益壮大。

（二）中国共产党的“自治”

晋察冀抗日民主政权自创建以来，虽在抗战中形成了较为统一的民主秩序，但其政权基础并不牢固，1938年秋敌人扫荡边区时充分暴露了政权的脆弱性，敌人还未到达，闾长、邻长就随百姓一起逃跑了。1939年1月，边区发出的《关于村选举的指示信》（以下简称《指示信》）中说道：“村政权之脆弱无力，不足以适应战斗环境担当战斗任务，在民国二十七年

（1938年）最末一次粉碎敌人围攻中，暴露得最明显。”[12]基于此，边区对各级政权进行了改革，对村政权的改造则是基础中的基础。

1. “自治”的村政格局

《指示信》规定：“村公所之上设村民代表会，由村公民15人中选举代表一人组织之，村民代表会于村民大会闭幕期间为村最高议事机关，遵照村民大会决议，计划决定全村之行政，村长村副由村公民大会选举产生，村公所之下设闾邻长，推行村政。”[13]这一阶段的民主选举规模不大，传统闾邻制得以保存，中国共产党掌握村政权的方式主要靠动员、发动群众，“向群众了解推选我们的村长、村副和财粮委员。同时掌握改造伪村长……这些人经过我们教育，都被我们掌握，能听我们的话，成了当时所谓的两面村长，个别不听我们指挥、群众有意见的，我们就发动群众，把他挺掉”。[14]50 1940年3月，毛主席发出了关于《抗日根据地的政权问题》的指示。一方面，鉴于闾邻制有碍民主的发扬，边区政府调整了阎锡山的编村制度和闾邻制度，在不取消编村和闾邻名义的情况下，代之以公民小组为单位的自然村格局，自此实现了封建宗法的闾邻制向以公民小组为单位的现代民主制度转变。另一方面，进行民主选举，实行“三三制”政权。边区各地掀起了村选运动，采用普遍、平等、无记名投票的方式选举村长和村民代表会，农民的民主和参政热潮得到空前的提升。经过两次村选，边区各地村政权组织机构得到了根本改造，普遍建立了村民代表会，村政权得以巩固。据《五台县志》记载：“十八周岁以上的公民，百分之九十以上参加了民主选举，这次民主选举，村民选出村代表，组成村代表会，是为村政权的权力机关。”[5]321 参加村政权的不仅是地方乡绅，还包括贫雇农出身的共产党员、群众等，这些乡绅多是在当地村庄有一定影响力的人物，他们与党支部密切合作配合。“柏家庄这次选举了雇农出身，39岁入党的党支部委员武泽民（原名魏武亮）同志当了村长，大家很满意，……安民村的施斗满、柴窟的穆丙旺等都是地主富农或上中农，他们不仅在本村而且在周围村庄都有一定的影响，他们参加了政权，并和党支部合作得很好，在抗日中作出一定贡献”，“村政权都是经民主选举产生，村长绝大部分是共产党员，村副一般是基本群众，财粮委员一般由地主富农来担任”。[14]48-69由此一来，村政权的参与者多样化，领导者多是贫雇农出身的共产党员且得到村民的普遍认可，这种政权在团结传统乡绅势力的基础上实现了统治的合法性，形成自治的格局，正所谓“民官才懂民心”。

2. 村政的治理效果

（1）参与范围广，妇女地位得到大幅度提升。在《指示信》的指导下，五台山地区于1940年进行了空前的民主选举，据《五台县志》记载：“社会地位一向低下的妇女，参加者百分之八十以上，此次村选中，村民选出村代表组成村代表会，作为村政权的权力机关，史水花、刘汉英被选为女村长。”[5]321“特别是过去政治地位一点也没有的妇女们，更是欣喜若狂，百分之八十五以上的选民参加的选举，郑重地投上了自己的一票”。[15]101可以看出，女性在抗战时期的社会角色、社会任务开始变得多样化，从传统的相夫教子到现代意义下的民主参与，妇女在村政建设中的政治参与意识、参与能力都得到显著提升，而妇女当选为村长更是打破了封建社会几千年来对女性的传统认知。

（2）传统乡绅地位“回归”，抗日统一战线得到发展。共产党村政改造中，村里的“坏人坏绅”在反贪污反腐化的斗争中已经被打压下去，近代农村在武化统治下逐渐丧失的传统道德开始回归，这让不少传统乡绅（正绅）感到欣慰。代县参议员魏治国利用沱阳伪村长的公开身份，经常护送县委领导干部往来于南北两山之间，每年为抗日政府征集公粮80余石。五台、繁峙等县多次召开士绅座谈会，宣传抗日救国十大纲领，宣传统一战线政策，动员他们与劳苦大众一起为抗日作贡献，同时讨论春耕统累税的问题，组成“募捐救灾委员会”，为根据地提供经济支持。“柏家庄村有影响的大地主刘际汗，一直开明，他的两个儿子先后都参加了革命”[14]74，“就连一些地主也积极抗日，如西坪村刘逢源、南王就村程庆云等”[16]。在自治的村政格局中，传统乡绅的地位得到提升且对村政权形成了广泛的认同，乡绅的复归在一定程度上修复了传统农村断裂的文化。

“绅治”和“自治”两种政权运行的差异之处体现在：首先，两种政权均将民主置于其基层统治中，强调选举，强调基层权力来源的合法性。但“绅治”格局下的选举至少以财产限制将广大农民排斥在外，中国共产党领导的基层选举实现了真正意义上的广泛和平等。其次，两种政权均强调士绅在农村的作用。但“绅治”格局中，士绅的统治占据主导地位，中国共产党建立的村政权则以农民出身的共产党员为主导，对士绅强调以统一战线的方式进行团结。最后，两类政权中村长的服务对象在方向上不一，“绅治”格局中村长服务于向上的官方，“自治”格局中村长服务于广大农民群众。究其原因，两类政权的差异与政权的性质密不可分。国民政府代表大地主大资产阶级的利益，其在基层的统治必然要由能够代表地主、士绅的村长来完成，但此时村长的权力来源于官方的授权而非村庄利益共同体的认可，与民众的距离越来越疏远。中国共产党代表最广大人民的根本利益，其在基层的政权建设必然要扎根于广大农民，通过民众的广泛参与获得情感认同，通过真正服务于民实现价值认同。

三、村政权的合法性分析

人类社会自出现国家便开始了对政治合法性的思考，韦伯第一次对合法性（legitimacy）问题作出系统探讨。韦伯认为，对合法性问题的探讨应秉持经验主义，将合法性问题看作是被统治者对现有政治秩序是否认可和赞同，无论这种秩序的性质是什么，只要是成功的、稳定的，统治就必然是合法的，因而也不存在不合法的统治。至于被统治者因何认可，韦伯认为这与统治者的统治策略有关，与个人的价值判断无关[17]。因此，韦伯的合法性是指对统治的认同和统治的正当性。哈贝马斯则对韦伯的经验主义持否定态度，他认为韦伯将被统治阶级的相信、赞同与否作为合法性的标准，而缺乏对大众赞同、认可依据的说明，完全排斥了价值性，陷入了“历史解释的无标准性”。哈贝马斯的合法性概念必须对其作出价值判断，即一种政治是否包含着被认可的价值，才是有无合法性的最好证明，正如哈贝马斯所言，“合法性意味着某种政治秩序被认可的价值”。[18]基于此，本文的合法性概念包含经验和价值两方面，即被统治者是基于一定的价值考量才对某种政治秩序产生认同，这种认同是基于心理和价值的双重选择后形成的。

根据合法性的概念，政权统治的合法性取决于民众对该政权的忠诚和信仰以及民众对该政权的认可和满意度。从国民政府和中国共产党村政权的治理效果可以看出，国民政府的绅治格局将乡绅纳入官僚系统，编织了一张严密的行政网实现了对基层政权的控制，但士绅的唯上性使统治脱离民众，政策规划多是一纸空文，流于形式。而在中国共产党的自治格局中，在将村政权牢牢握在党手中的同时也把传统乡绅纳入其中，本着为民服务的宗旨，追求广泛的动员和参与，得到了民众的积极响应。政权的合法性不仅与民众的心理认可有关，更取决于该政权能否让民众满意，形成一种价值认可，文章将从政治参与、社会福利事业以及文化建设三方面比较两种村政权的合法性。

（一）政治参与：钦定任命与全民参与

两种政权形式上均强调村长、村副由民主选举产生，并设有监察机关进行监督。但阎锡山在河边村建立的村公所里，村长均是由阎本人亲自挑选的历任县长担任，“阎锡山在推行‘村本政治’的过程中表里和言行不一，……在实行时却是按他本人及下属官吏的意志办事，编村中是村长、村副专权，村民根本无权自治。……他嘴上说村政的关键是选好村长，但实际选出的村长多是地主恶霸等坏人，使人民深受其害”[11]124。“对村长等人选，在最进步的时期曾把选举权大胆交给人民使用，但委任撤换仍由县、区决定。”[19]中国共产党建立的村政权经历了两次民主选举的洗礼，在1940年4—5月间进行的第二次选举成为一场空前的民主运动，在五台山地区多数村庄村民的参与率达到90%以上。“这次选举除党支部坚强的由他们领导外，一般是由区干部领导下进行，我亲自参加了这次民主选举运动，它是一次空前的民主运动，也是一次抗日民族统一战线的教育运动。”[14]69可见，在政治参与上，中国共产党建立的村政权实现了对普通村民的政治动员，选举成了全村的事，村民在政治参与中感受到了自己的民主权利。国民政府的村政权选举流于形式，用委任指定的“民主”取代之。

（二）社会福利事业：造福一族与造福一方

社会福利事业可以说是最能让民众感受到切实好处的工程，本文以兴修水利和兴办合作社为案例分析两种政权在民生方面的功绩。

1. 兴修水利

阎锡山为了推行“六政三事”① 兴修水利、开渠，在实行中因缺少资金并未修筑多少水利设施，修建起来的多是由阎府出资完成。以“己巳渠”为例，为了灌溉阎府的500亩土地，阎锡山出钱于1929年开凿了一条水渠，因当年是农历己巳年，故命名为“己巳渠”。该渠从定襄县西营村引滹沱河水直通河边村，阎府规定该渠为阎家私渠，任何村庄不得随意用水，导致水渠周边村庄受损严重，“定襄县的芳兰镇，由于‘己巳渠’从村东塄头流过，几年之间村子弄得稀泥破烂，到处房倒屋塌”，仅河边村一个村庄受益，但受益人却与普通村民无关，“河边村的平地大多归有钱人家，穷苦人家只种着一些靠山坡的干坡地，沾光的也只是一些大户人家”。[10]32 晋察冀边区政府于1938年和1942年分别颁布《晋察冀边区奖励兴办农田水利暂行办法》《晋察冀边区兴修农田水利条例》，对于解决民众间的水利纠纷和农业发展起到了重要作用。1939年7月，边区发生重大水灾，边区政府组成4组水灾慰问团并拨款10万元赈灾，其中第二组黄云等人到五台山地区指导工作，并于40年代提出了“开小渠”运动，“五台等15个县开小渠256道，浇地20884亩”。[20]

2. 开展合作社

在战乱频发、民不聊生的时代，互助合作成为民众渡过难关的有效方式。中国共产党在根据地开展大生产运动，发展互助合作，建立合作社，实现了“自己动手，丰衣足食”的目标。“同路村有47户因敌人烧杀抢掠

---

① 阎锡山称：“择吾晋利之可兴与弊之必除者凡有六：曰水利，曰种树，曰蚕桑，曰禁烟，曰剪发，曰天足，所谓六政是也”，次年复增三事：曰种棉，曰造林，曰牧畜。参见《阎锡山评传》，中共中央党校出版社，1991年版，第105页。

无粮、无牲畜，每年村里有近13户人家揭不开锅，生活遇到了极大困难，在政府帮助下建立了合作社，开荒126亩，人力、畜力、肥料折合入股按股分粮。”[14]74阎锡山也于同时期提出“以互助合作为中心，取消私商，取消中间剥削，稳定物价，保障人民生活”，其真正目的是把私商一网打尽，垄断市场，这种以利为目的的合作社最终由管理生产演变为摧残生产。阎锡山在忻州创办“聚丰泰”，敲诈勒索人民的金钱难以统计，藏在窖内的金条、银币很多，用几辆车才能运走。[21]

国民政府和中国共产党都通过发展农业生产、商业贸易等社会福利事业巩固其政权，但出发点不同结果也大相径庭，国民政府的福利事业或数量有限或为一己私用，大发国难财，中国共产党的民生事业则在法律规范的指引下巩固了农业生产和社会稳定，在解决民众切实利益的基础上取得了地位的合法性。

（三）文化建设：“复古”与“回归”

抗战时期政权建设的稳定性光靠民族主义的宣传显然不够，更需要用意识形态去维护和巩固，这取决于国民政府和中国共产党提倡的价值观能否融入民众生活，修复已经断裂的农村文化。阎锡山在思想文化建设上推行“洗心术”，号称对山西人民洗心革面，具体采用类似宗教仪式的做法在太原设立了洗心堂，内容宣扬的是孔孟的尊君之道，想以此强化封建思想的意识统治。从内容看，孔孟之道确是农村文化伦理的基石，但自辛亥革命以来，“尊孔复古”的思想已成为民众的逆鳞，阎锡山推行的洗心早已不符合时代潮流，成了真正的“复古”；从形式看，宗教仪式确是整合文化认同的有效方式，但于农民而言，世俗的生活更为主要，他们关心的是过年能不能吃上饺子，丧葬婚礼等习俗能否像以前一样体面等，显然这种洗心未能融入农民的日常生活。

反观中国共产党将其倡导的新意识形态通过农民喜闻乐见的形式寓教于乐，敌后抗日根据地的戏曲生活则成为意识形态构建的主要方式，将城市文化人与民间艺人相结合，创造了许多农民喜爱的戏曲、秧歌、话剧等艺术作品，这种新的文化形式不仅填补了农村文化的断层，而且重塑着农村社会的意识形态。在五台县，抗战时期根据地大唱抗战歌曲，五台的歌咏活动出现了历史上的鼎盛时期，唱词全部更新，有的属于标语口号式的，起着政治宣传的作用；有的编成故事，流传久远。[5]425 代县在抗战时期有"槐树开花碎纷纷，军民亲如一家人。八路军来了烧开水，日本人来了埋地雷"的唱词。[7]365 此外，集市一直是传统农村文化的有效载体，在抗战时期，五台县抗日民主政府在李家庄举办了抗战以来第一次大型的物资交流会，建立起根据地第一个贸易集镇，"开集日期沿用豆村镇过去每逢四、七、十赶集的历史习惯，每到集日，四面八方的群众云集李家庄赶集交易，互通有无，非常热闹"，在开办游击市场的同时还调用根据地的剧团和宣传队进行文娱宣传，让群众在赶集中接受了文化娱乐，实现了对民众有效的教育。[15]142-144 五台山地区在抗战时期的文艺活动虽然在内容上有所创新，但并没有超出传统乡里道义的范围，可以看出，民族主义的鼓动地位最显著，另外积极生产、公而忘私、孝敬老人等也是根据地弘扬的主题，清末以来农村长期被压制的传统道德再一次抬头，正气上升，寡廉鲜耻的风气被抑制，这种带有古老气息的意识形态重塑，实现了农村传统文化的"回归"。

四、结论及启示

本文基于五台山地区6个区县的方志、文史汇编等文献资料，考察了抗战前后国民政府和中国共产党在五台山地区进行的村政权建设，在分析两种政权的运作方式和治理效果的基础上对其统治合法性进行了比较分析。研究发现，国民政府将乡绅纳入行政体系，建立了"绅治"的政权格局，民主选举成了上级委任，社会福利成了服务个体的事业，文化建设成了一种愚民政策，士绅的唯上性以及统治的功利性让村政权丧失了统治的合法性。而中国共产党在农村发展党员，建立党组织，通过民主选举的方式建立了"自治"的村政格局，这种政权通过广泛的政治参与，让民众感受到了民主权利，通过造福万民的社会福利事业让民众感受到生活在变好，通过文化的洗礼以及意识形态的重塑最终实现了传统文化的“回归”，修复了断裂的农村文化，最终得到了包括传统士绅在内的广大民众的认可，取得了合法性。

乡村社会是国家治理的重要场域，也是合法性资源获取的基本来源之一。当前我国正处于从传统社会向现代社会的转型期，而这期间往往是合法性危机的高发期，改革剩下的都是硬骨头，不仅会深刻改变现有的利益分配格局，也会产生新的政治诉求，如果处理不当便会产生政治危机。抗战时期，根据地的村选为民众提供了利益表达的合法渠道，打破了农民不敢言、无处言的难题，并通过恢复经济生产，重视民生建设，修复文化传统取得了民众的认可。通过对抗战前后国民政府和中国共产党村政权合法性获得的比较分析，得出如下三点启示。

第一，要注重农村政治社会化。要大力发展农村教育事业，提高农民文化水平，要增强农村基层党组织建设，要将社会主义核心价值观融入家庭、学校等各类社会化主体中，从娃娃抓起，加强意识形态领域的宣传教育，通过新型的农村政治文化培养村民的政治认同情感。

第二，要加强基层民主自治制度建设。基于制度基础上构建的合法性具有稳定性和长期性。我国的基层民主自治制度自 1987 年以来，已取得一定成效，但因地域发展、制度环境的不同，选举的规范化、制度化建设依旧任重道远。中国乡村既有自治的传统又有自治的内在需求，要想提高乡村治理的现代化水平，必须立足村庄内部制度改革，充分发挥村民的民主权利，规范民主选举，保证选举的机会公平、程序公平和结果公平。规范民主决策的机制，定期召开村民委员会，通过民主听证会等方式确保涉及农民利益的重大事务交由群众决议。健全民主监督，通过村务公开、积极培育各类社会组织，为村民利益诉求提供有效机制。

第三，要始终坚持以人民为中心。人民群众是中国共产党领导的政治合法性最根本来源，不断获得人民群众的信任和支持是实现党合法性资源的不断再造的重要因素之一。要用切实的执政绩效说话，让民众不仅感受到经济发展带来的丰衣足食，更要感受到公平、正义、民主、法治带来的益处。党的十九届五中全会指出，要把乡村建设摆在社会主义现代化建设的重要位置，优质的住房条件，完备的基础设施，宜居的生态环境是最能让民众感受到的民生福祉。要拓宽农民增收渠道，进一步健全农村社会保障体系，同时要在保护传统村落和乡村风貌的基础上，完善乡村各项基础设施，提升农房建设质量，建设美丽乡村。乡村治，百姓安，国家稳，只有真正将人民群众放在心上，才能在人民认可的基础上实现乡村治理的合法性和有效性。

参考文献：

[1]黄宗智.华北的小农经济与社会变迁[M].北京:中华书局,2000.

[2]杜赞奇.文化、权力与国家:1900—1942年的华北农村[M].南京:江苏人民出版社,1996.

[3]张静.基层政权:乡村制度诸问题[M].杭州:浙江人民出版社,2000.

[4]山西省地方志办公室.民国山西村政建设[M].太原:山西人民出版社,2014:5.

[5]五台县志编纂委员会.五台县志[M].太原:山西人民出版社,1988.

[6]繁峙县地方志编纂委员会.繁峙县志[M].北京:今日中国出版社,1995.

[7]代县地方志编纂委员会.代县志[M].北京:书目文献出版社,1988.

[8]张厚安,白益华.中国农村基层建制的历史演变[M].成都:四川人民出版社,1990:102.

[9]山西省地方志办公室.民国山西村政建设[M].太原:山西人民出版社,2014:10.

[10]中国人民政治协商会议山西省定襄县委员会文史资料委员会.阎锡山在家乡[Z].1987.

[11]中共中央党校《阎锡山评传》编写组.阎锡山评传[M].北京:中共中央党校出版社,1991.

[12]晋察冀抗日根据地史料选编[M].石家庄:河北人民出版社,1983:106.

[13]谢忠厚,肖银成.晋察冀抗日根据地史[M].北京:改革出版社,1992:197-198.

[14]中国人民政治协商会议山西省繁峙县委员会.繁峙文史资料:第一辑[Z].1988.

[15]中国人民政治协商会议山西省五台县委员会.五台文史资料:第二辑[Z].

[16]政协原平市委员会文史资料研究委员会. 原平文史资料:第七辑[Z]. 1997:56.

[17]刘旺洪,徐梓文. 合法性理论及其意义:韦伯与哈贝马斯的比较[J]. 世界经济与政治论坛,2017(06):154 - 166.

[18]哈贝马斯. 交往与社会进化[M]. 重庆:重庆出版社,1989:188 - 189.

[19]山西文史资料编辑部. 山西文史精选:阎锡山其人其事[M]. 太原:山西高校联合出版社,1992:60.

[20]武衡. 抗日战争时期解放区科学技术发展史资料:第5辑[M]. 北京:中国学术出版社,1986:82.

[21]中国人民政治协商会议山西省忻州市委员会. 忻州文史资料:第七辑[Z]. 1991:102.

论思想政治教育融入基层社会治理

——基于《思想政治教育方法论》的启发

陶斯敏　俞　宁[①]

摘要：随着我国经济社会进入新发展阶段，提升基层社会治理能力逐渐成为国家现代化治理的重要课题。面对纷繁复杂的基层社会治理难题，以思想政治教育融入基层社会治理为切入点，立足于方法论视角，成为推进社会治理现代化的全新探索。思想政治教育能为基层社会治理提供目标导向和内驱力：运用思想政治教育方法在基层社会治理中的独特优势，培育"共建共治共享"意识，激发基层治理活力；构建矛盾解纷网络空间，协调各方利益冲突；衔接思想政治教育的功能和方法，改善基层治理方式，共同推进基层社会治理现代化。

关键词：思想政治教育；基层社会治理；融入；方法论

基层社会治理是国家治理的深厚基础和重要支撑，关乎国家治理体系的构建和治理能力的提升，且与思想政治教育存在着密不可分的联系。如今，基层社会治理领域面临着很多的新问题和新情况，例如陈旧的治理理念认识、基层党政干部的治理工作方法创新不足、群众参与治理活动的意愿薄弱等。因此，针对基层社会治理的瓶颈问题，本文以思想政治教育融入为着力点，结合《思想政治教育方法论》，深入透析思想政治教育方法应用于基层社会治理中的独特优势，并提出具体的融入对策及建议，从而促进思想政治教育与基层社会治理的深度融合和创新发展。

---

① 陶斯敏（1997—　），女，安徽合肥人，硕士研究生，研究方向为社会治理与思想政治教育。俞宁（1970—　），男，安徽寿县人，教授，研究方向为社会学与社会工作。

一、基层社会治理面临的主要困境

（一）治理理念发展滞后

长期以来，由于受传统粗放式的治理模式和现实条件的制约，基层政府在治理理念的认识上，一直存在社会治理工作“重要而非核心”的思想，缺乏对基层社会治理内涵的规律性思考。有学者认为，部分基层党政干部在这种治理工作“重要而非核心”的观念作用下，容易将更多的注意力，地方的人力、物力、财力及其他政策资源按照“规定工作要求”，倾斜于经济投资和社会稳定等领域，忽视民生福祉服务方面的改善。这种现象会影响甚至阻碍国家治理体系和治理能力现代化的整体进程[1]。可见，基层政府在治理思路、内容和举措上，偏离了正确的核心方向，缺少对事物主次矛盾的统筹规划，对基层社会治理的长期性、艰巨性认识还不够深入。

（二）治理主体能力有限

当前，社会治理主体的能力有限，普遍存在缺乏协同治理机制、多元主体分散管理和各自为政的治理问题[2]。首先，不少基层政府看待新问题的思维较局限，沿用传统单一的行政干预手段，缺乏“软治理”“刚性治理”与“多元协同治理”模式相结合的能力，导致治理方法和制度的创新工作难以落实。其次，基层社会治理的职能相对分散，限制了相关政策的执行力度，治理主体的力量无法凝聚。大部分的基层社会治理现状呈现“碎片化”的特点，治理主体分散形成了“混乱矩阵式”的治理结构。不同部门基于治理实际情况出台相关政策，对于需要其他部门配合的工作放于次要考虑的位置，这就割裂了基层复杂社会问题的内在关联性。最后，使用信息化平台提升基层社会治理智慧化管理能力。部分基层治理部门习惯以开会、笔录的形式开展工作，没有充分发挥大数据、网格化精细管理的优势，缺乏科学化、社会化的网格管理体系与能力建设。

（三）治理组织动员困难

基层社会治理组织动员困难的问题，主要聚焦于治理主体力量和治理对象两方面。其一，基层治理部门力量薄弱。基层治理部门在承担上级下达的各种任务时，由于缺乏主动性和积极性，经常出现因公费不足、物资缺乏、事务繁杂和权力受限而造成的过度劳动问题。同时，信息传递的有效性和准确性掌握不够全面，降低了工作效率，加大了基层社会治理成本。其二，基层治理对象的“低组织化”趋势。随着改革开放的深入推进，城乡之间的流动性不断增强，基层社会治理的结构产生分化，基层社会治理对象呈现“原子化”特点，基层组织和干部的组织能力和动员能力日渐式微[3]。在基层治理的具体实践中，事关社区居民自身的公共事务，如美丽家园建设、释放停车位、垃圾分类等，居民参与意愿程度低，动员异常困难。总的来看，治理部门的势单力薄和治理对象的“低组织化”给基层社会治理带来了巨大挑战。

（四）治理资源分配不均

在我国的基层社会治理场景中，各级地方政府拥有的社会治理资源分配不均衡，资源整合效果不佳。通常来说，基层政府会面临不同程度的资源约束，工作人员往往会依据各项工作的重要程度排列优先顺序，逐级进行资源分配。伴随着资源分配的递减次序，基层政府的行为也从按部就班的常规化执行逐渐转变为被动应付，甚至出现任务悬置[4]。以乡镇政府治理为例，乡镇政府不仅要完善居民所需要的公共服务，稳定和维护基层社会的公共秩序，还需要设置沟通渠道汇集基层民意，并通过制度整合吸纳基层社会组织、民众等参与政治[5]。但是，由于乡镇政府的管理任务日渐膨胀，基层治理资源分配的差异化越发明显，使得乡镇政府始终处于资源贫乏的困境中。除此之外，基层政府在进行资源调配的过程中，可能会出现资源整合不佳或利益分配不平衡的问题，导致普通民众难以实现共建共治共享的社会治理新格局，造成了社会矛盾的积聚凸显。

二、思想政治教育融入基层社会治理的合理性证成

将思想政治教育融入基层社会治理的探索，是基于新时代中国国情的发展要求，是基于我国面临的基层治理隐患，是基于人民群众热切期盼，更是推进基层社会治理现代化的现实诉求。毋庸置疑，在新时代开辟“中国之治”的背景之下，思想政治教育融入基层社会治理有其必然的内在契合性，需要合理推动思想政治教育与基层社会治理相融合的阶段性发展和创新性超越。

（一）思想政治教育为基层社会治理提供目标导向

“导向功能是思想政治教育的基本功能，是其他任何教育都无法代替的功能，是思想政治教育目的性和意识形态性的体现。”[6]通过思想政治教育融入，可以培养社会成员将社会目标、“四有新人”总目标转化为个体奋斗目标的意识，切实将自身融入到基层社会治理中。过去，思想政治教育多局限于日常规范和学校教育范畴，只注重人们思想与行为的现实表现，无法充分发挥在社会领域的主体作用。

就目前的国内环境来说，我国的基层社会治理依然存在不少运行机制的弊端与漏洞，还有城乡发展需求不平衡矛盾，社会组织和公众参与治理困难的问题等。因而，基层社会治理需要运用思想政治教育的目标导向功能，研究新形势下思想政治教育的内化实践方法，深入民众的内心世界，提高基层的思想政治教育效果；依据当地的实际情况，设计精细化、系统化的对策方案，不断强化街道党工委统领全局、协调各方、领导基层治理的作用；以发展、渗透、结合的思想政治教育方式方法克服基层社会治理各自为政、组织动员困难、资源配置不均等局限；通过思想政治教育的激励感染、舆论引导、说服教育和冲突缓解等方法，引导基层吸纳正确的治理理念和治理目标；准确把握社会矛盾风险的发展过程，加强基层全过程、全要素、全场景的动态治理，优化治理资源配置，全方位提升人们的社会责任感和思想道德素养，高效推进基层社会治理现代化。

（二）思想政治教育为基层社会治理提供内驱力

以思想政治教育融入基层社会治理为契机，循序渐进地深入基层内部，帮助社会成员形成正确的理想信念，激发基层治理内驱力。无论是个人、社会还是一个国家，思想政治教育均需要发挥“软治理”的治理优势，整合并大力传播符合国家意志的思想观念，培育先进的个人价值理念，解决“基层社会治理人才”方面的稀缺问题，凝聚集体和社会的力量，促使思想政治教育真正服务于基层社会治理。不仅如此，随着现代经济和信息化社会的迅速发展，思想政治教育的民主程度不断增强。这就要求，基层社会治理需要因地制宜，积极改变基层组织、社区领导干部、社区工作者、社会组织等进行常规教育宣传工作，促使基层社会治理朝民主方向改进，强化治理驱动力。

思想政治教育包含思想教育和道德教育，更为重要的是通过教育来塑造、培养符合社会发展需要的人，为中国共产党治国理政和中国特色社会主义现代化事业的发展服务。[7]以当下社会治理主体为例，“中国之治”下的治理主体不再是单一的传统治理模式，而是逐渐转为多元主体共同参与的模式。社会成员的力量在国家治理和社会治理中的互动参与、过程监督及治理成效等方面的影响也日益加深，这就需要塑造社会成员自身良好的世界观、人生观、价值观，充分认识参与基层社会治理的重要性和必要性。面对百年未有之大变局，思想政治教育与基层社会治理要相互交融，将思想政治教育的思想整合、关系协调、舆论引导、社会控制、激发鼓励等功能贯穿于基层社会治理的各个环节，形成“人人参与、互教互帮、共同提高、人人共享”的社会和谐风气，推动国家治理迈入新征程。

三、思想政治教育方法在基层社会治理中的应用优势

实践活动离不开方法论的指导，基层社会治理亦是如此。大部分学者在研究思想政治教育与基层社会治理的关系时，多是从思想政治教育的治理功能、思想政治教育与治理的内在关联性以及融合互构建模的角度切入，

缺乏《思想政治教育方法论》中的实践指导方法对基层社会治理的启发性研究。针对基层社会治理的难点痛点，通过借鉴和学习思想政治教育的“认识法、实践法、评估法和研究法”，完善以基层党组织为枢纽，创新思想政治教育深度融入基层社会治理的体制机制，为基层治理赋予科学方法论经验。通过构筑治理主体力量有机耦合的组织体系，推动基层领导干部与社会成员的相互协作和共同成长。

（一）正确认识治理理念，分清事物主次矛盾

思想政治教育的认识方法是教育主体从事教育认识活动的先决条件。思想教育的认识流程具体包含信息获取、信息分析和教育决策三方面。基层社会治理可以借鉴认识方法，通过思想政治教育明确人们的思想观念，教育社会成员正确认识基层社会治理的核心理念，深入考察人们的实践活动及各类矛盾成因。首先，基层要获取人们关于社会治理的意见和建议。国家和政府在建立健全基层社会治理体制机制时，要相信人民群众，大量收集社情民意，正确对待不同意见。同时，政府在对民众进行思想政治教育工作时，必须坚持牢记社会治理的重心在基层，基层是一切工作的落脚点，要以人民为中心，树立“全周期管理”意识，探索现代化治理新路子。其次，及时高效地对基层社会治理各类问题或信息进行分析及处理。思想政治教育的方法论启示政府在基层治理过程中要学会灵活运用“矛盾分析法”和“系统分析法”判断事物性质，了解并充分掌握信息子系统或要素的基本状况，分清事物的主要矛盾与次要矛盾。最后，与民众商议思想政治教育的决策，助推基层社会治理效益最大化。基层社会治理是一个动态平衡和推陈出新的过程，学习思想政治教育决策的原则和方法，有利于各地区最大限度地激发社会治理水平的内驱力，充分发挥综治中心力量，整合社会治理资源，扎实推进科学基层社会治理。

（二）综合各类实践方法，深化基层治理效能

思想政治教育方法包含的实践法种类繁多，其中激励和感染教育法、

疏导教育法、实践教育法、心理咨询法和冲突缓解法不仅是《思想政治教育方法论》中指导性较强的方法，也是最值得基层社会治理学习总结的工作方法。首先，思想政治教育可以通过劳动教育、社会服务活动和社会考察三种形式先融入基层社会治理，引导人们积极参与治理互动，将其他工作方法贯穿于整个互动过程，并对作出重要贡献的先进工作人员及时嘉奖鼓励，顺向感染广大人民群众，促使基层工作人员与群众产生感情上的“共振”。其次，政府和社区工作人员需要根据问题产生的条件，结合疏导教育法、心理咨询法和冲突缓解法，及时给予群众妥善处理方案。以安徽省某市区域治理矛盾为案例，2020 年，该市区的基层党组织和干部们结合了思想政治教育在基层治理中固本培元、牵针引线的作用，首抓基层党建与基层治理的“首要课题”。精细策划了“零距离”党建工程，持续推进发展“两单五微、薪火相传”工作项目，携手街道和影城打造建设融合“爱国奉献、和谐发展、务实创新、团结进步、清正廉洁”五位一体的五色花党建基地。将思想政治教育的各类实践方法贯穿于基层党建组织、服务和治理“三大体系”，引导“社区好帮手”单位、镇街开发区、驻区单位，围绕群众关心的痛点难点问题各领办 1 ~ 2 件“急事难事”。同时，发布“我为群众办实事”项目，解决基层群众大小事，逐步破解辖区内部发展空间不足、基层治理动力激活难、老工业区历史遗留问题多等治理难题。除此之外，基层干部和群众共同协作，坚持推进群众“只进一扇门，最多跑一地”的目标方向，实现了矛盾纠纷“一站式”的高效处置，提升了应对基层治理风险的预测、预警和预防能力。可以说，基层社会治理应该始终与广大群众保持紧密联系，加强基层干部思想政治教育的感染力和说服力，以树立实干导向为荣，提升群众社会安全感和幸福感，完善基层社会治理“强基固本”工程。

（三）检验基层治理成效，完善治理保障机制

基层社会治理应融合思想政治教育的评估法和研究法，在实践中加强和改进思想政治工作，吸取治理经验和教训。王莹认为：“思想政治教育方

法虽然并不意味着能够独立帮助解决社会治理出现的所有问题，但是它能够有助于说明其他方法的局限，为社会治理增添一种有价值的解题思路。”[8]从问题背后延伸的研究视角上看，基层社会治理的检测评估就是对社会实践活动潜藏的价值意识进行研判。因此，对于基层社会治理而言，利用反馈评估的方式检验治理效果，再对其过程和结果进行分析，最终形成完整的理论体系，是破解治理难题的关键。

评估工作开展前，基层政府应当配置好治理方面的专业队伍，并结合国家政策方针对其进行集体思想培训。培养人才队伍正确处理好方向目标与达到目标的关系，发扬科学理论联系客观实际的优良作风，依据“知行统一”和“德才兼备”的原则全面地考察市、县和乡镇的真实治理状况。通过对事实材料的价值分析和数据资料的统计整理，结合思想政治教育的实践方法论，寻找促进基层社会治理现代化发展的最佳途径。例如，安徽省亳州市先后召开6次市委常委和领导小组会议，研究部署市区的安全建设和基层治理。市委工作人员亲自谋划、部署推动“一村一辅警”、邻长制和政法干部交流轮岗等多个试点创新工作。同时，政府组建实体思想政治工作专班和设置任务组，逐一明确试点项目任务、工作要求、完成时限等，为扎实推进治理试点工作，作出整体制度安排。除此之外，基层政府可以融合思想政治教育的方法，完善基层社会组织动员机制和资源力量下沉机制，制定党工委和街道办公室权责清单，落实街道责任准入制度，真正做到有机融合“条”的管理与“块”的治理；建立健全基层审批服务工作机制，制定街道审批事项清单和便民服务清单，推行“一站式服务”“一门式办公”，着力打造“15分钟便民服务圈”。可以说，将综合思想政治教育的认识法、实践法、评估法和研究法融入基层社会治理，有助于精准判断基层社会治理的问题趋向，力争做到各项治理工作和任务可操作、可量化、可评价，健全基层治理保障机制，有效提升现代化治理水平。

四、思想政治教育融入基层社会治理的对策建议

（一）培育“共建共治共享”意识，激发基层治理活力

何为“共建共治共享”意识？“共建意识”是指基层党建和群众携手同行，上级领导调动多方资源力量，依托区、街、居三级区域化党建联席会议，统筹把握社会组织社工、社区工作者志愿者、居民骨干等治理人才，建立思想政治教育方法融入治理方面的研究小组，为基层治理聚智赋能。“共治意识”是在个人与社会的关系基础上搭建桥梁，让组成社会的个体成员意识到其所需承担的责任，充分行使其参与治理的权利。要承认多元治理主体之间存在的价值差异性与个体成员的平等身份，凡是阻碍正确价值共识的等级观念和不良风气都应及时摒弃。“共享意识”代表着治理主体需要树立共同的利益观，秉承互惠互利的原则，实现个人利益与集体利益的统筹兼顾。例如，庐阳区基层干部最近实施的“四项举措”中，通过“队伍率领、优化结构、完善机制、强化保障”推动基层社会治理提质增效显著。庐阳区构建了“社区大党委—网格党支部—楼栋党小组”的三级城市基层党组织架构，将思想政治教育融入基层社会治理之中，依据“矛盾分析法”具体问题具体分析，在全市率先成立“两长六员”队伍。同时，坚持“共建共治共享”的社会治理格局新理念，科学调整社区居委会设置，对规模过大的社区进行调整，缩小社区服务半径，调整社区服务人群总量，进一步提升社区服务管理的精细化水平。基层政府要始终坚持以“为民利民惠民”为准则，采取一系列科学制度治理手段，完善协同联动的社会治理架构，整合各类不同资源，广泛听取社情民意，推动多元主体共同参与，促进人性化执法监督。利用思想政治教育强化公众的“共建共治共享”意识，连接个人与社会，循序渐进地在现实土壤中培育基层社会治理的价值共识，形成团结互助的浓厚氛围。

（二）精织矛盾解纷网络，协调各方利益关系

众所周知，基层社会治理的核心议题是为了统一人民群众的思想认知，

解决人民群众在社会经济发展过程中所表现出的矛盾纠纷和问题。廖永安认为："当前，随着我国社会转型进入关键时期，人们的利益问题日趋多元化，各种矛盾纠纷日益复杂，解决冲突的需求要求解决形式多样化。这些新情况、新问题需要我们及时总结我国调解制度运行的成效和经验、问题与不足，不断提高解决纠纷的能力和水平。"[9]

"民惟邦本，本固邦宁。"基层部门需要关注思想政治教育方面的新媒体，分析治理大环境变化和小环境变化（特别是社会政策调整和利益关系变化时）可能对公众产生的影响或危害，作出合理预测，并提出预防措施，从而避免由此引起的社会问题的大规模产生和蔓延。不仅如此，应当创建多元解纷新模式，突出思想政治教育与司法结合的特色，充分延伸"互联网+多元调解"，以人工智能、大数据、云计算等科技手段为载体，带动矛盾纠纷"线上"共解，推动基层社会的利益整合。以化解基层矛盾为案例，安徽省泗县通过继承和发扬新时代"枫桥经验"，设立了文明实践活动站点。对民众日常琐事纠纷采用大事化小、小事化了的工作准则，及时将矛盾纠纷解决在当时、化解在当地；对涉及面广、时间跨度大、容易升级激化、带有普遍性的疑难复杂问题，则采用多方联动、多元调解工作机制，采取"一案一专班"。合肥市在推行市域治理过程中，邀请人大代表、政协委员、律师、仲裁员、法律退休工作者等专业人员下沉治理重心，宣传思想政治教育与法律知识，深化三重融合，畅通多元解纷渠道，构建"123+X"多元解纷新格局。基层政府可以运用一系列的考核、奖惩机制的方式鼓励新时代文明实践站点主动交流、深入调研，定期对社会成员进行集体主义教育，协调个人利益、集体利益和国家利益的关系。因此，只有加快健全完善矛盾预防机制及冲突调解制度，加强发挥思想政治教育的资源整合、心理调节、情绪疏导和利益调控等功能作用，使社会成员树立正确的核心价值观，构建互利共赢的和谐社会。

（三）衔接功能与方法，改进基层治理方式

思想政治教育的功能和方法犹如车之两轮、鸟之两翼，与基层社会治

理相辅相成。应当最大限度地探索并丰富思想政治教育在基层社会治理中的实践方法，不断改进并创新基层治理模式。

第一，思想政治教育在融入基层社会治理时，必须充分发挥社会整合思潮、引领价值共识、激发精神动力的功能。在整合社会思潮方面，思想政治教育利用实践法连接个人和社会，各项建设工作的“生命线”，不仅能够精准分析社会成员之间思想观念的差异性，引导人民群众意识形态的正确方向，动员人们积极投入社会治理之中；在引领价值共识方面，要坚持社会主义核心价值观，摒弃与时代要求不符的陈规陋习及错误价值观对民众的消极影响；在激发精神动力方面，思想政治教育往往起着隐性的作用，通过各类形式的活动充分调动各个领域的参与活力，调动基层社会治理中的积极性和创造性。同时，充分发挥先锋模范的榜样示范作用，激活社会各主体参与治理的能动性，优化社会治理层级，提高基层社会治理的“深度”“广度”和“温度”。

第二，将思想政治教育的功能与方法融入基层社会治理中是一个“润物细无声”的过程。基层社会治理离不开思想政治教育的德育功能，用文化育人的方法达到德治的效果。例如，将一些富有思想教育意义的典籍文献、英雄模范人物事迹、科技研究成果等精神文化果实，利用数字图像技术、计算机技术等信息化手段展示给大众，并在广大社区或基层单位里进行传播与交流。此外，推动基层社会治理长效机制的建立与维护。例如，社区或社会组织可以联合带动居民学习《思想政治教育方法论》的核心理论及正确的社会治理理念，鼓励基层党员干部和社区居民、志愿者等，深入各个社区角落开展垃圾集中清理等实践活动，加强绿色生态治理监督。思想政治教育必须要调动多元主体间的共同协作，例如做细做实网格员、志愿者关于思想政治教育功能和方法融入治理的培训、管理和激励等工作，建立健全第三方评价监测机制。通过系统协调和完善基层社会治理体系，确保基层工作力量充足、配置均衡、保障到位，全面提升思想政治教育在基层社会治理中的渗透力。

参考文献:

[1]倪咸林.转型时期基层社会治理的问题与对策[J].社会治理,2020(6):34-37.

[2]杨磊,晓东.市域社会治理的问题导向、结构功能与路径选择[J].改革,2020(6):19-29.

[3]刘开君,卢芳霞.再组织化与基层社会治理创新:以"枫桥经验"为分析案例[J].治理研究,2019,35(5):98-104.

[4]陈那波,李伟.把"管理"带回政治:任务、资源与街道办网格化政策推行的案例比较[J].社会学研究,2020,35(4):194-217+245-246.

[5]龚会莲,张秀.乡镇政府、基层党建与基层社会治理共同体:逻辑与进路[J].领导科学,2021(2):36-40.

[6]张耀灿.现代思想政治教育学[M].北京:人民出版社,2006:131.

[7]王学俭,冯瑞芝."中国之治"视域下思想政治教育的功能探析[J].思想教育研究,2020(10):31-36.

[8]王莹.思想政治教育融入社会治理的着力点:一种基于社会治理现实的生成性视角[J].思想理论教育,2017(7):50-55.

[9]廖永安.科学认识调解价值推动社会治理创新[N].中国社会科学报,2020-03-26(1).

社区社会组织参与社区防疫行动研究
——基于北京大栅栏街道社会学实验的分析

梁肖月[①]

摘要：本文以长期扎根的社会学实验基地为例，通过观察社区社会组织的微信群互动交流内容，梳理其在社区防疫期间所发挥的作用，分析社区社会组织参与社区防疫的重要性和局限性，最后提出微信群参与社区防疫的建议措施。

关键词：社区社会组织；社区防疫；行动研究；社会学实验；微信群

2020年，由于新型冠状病毒肺炎的肆虐，影响到全国各级政府、社区、企业以及社会的每个成员，使整个社会陷入紧急备战的状态。医院是抗击疫情的第一战场，社区则成为防疫阵线的基础环节。

通过各方报道可以看到：社区党委和居委的工作人员坚守在社区防疫一线，走街串巷、巡视安全、入户检查；慈善组织积极进行筹款捐物等物资支援工作；社区志愿者参与订菜和配送等临时性协助工作；社区商户也按要求停业和有序复工。抗击疫情是全社会共同的责任，只有社区各方力量协同合作，才会筑牢社区防疫战线，保障社区居民的安全。2020年1月29日的《民政部、国家卫生健康委关于进一步动员城乡社区社会组织开展新型冠状病毒感染的肺炎疫情防控工作的紧急通知》中指出，“社区防控是疫情防控的基础环节”，要“充分发挥城乡社区社会组织工作优势和社区、社会组织、社会工作联动机制协同作用”，“切实做好疫情监测、信息报送、

① 梁肖月，清华大学社会学系博士生。

宣传教育、环境整治、困难帮扶等工作”，“全面落实联防联控措施，构筑群防群治的严密防线”。在此次新冠肺炎疫情期间，社区社会组织是否发挥以及发挥了哪些作用？社区社会组织参与社区防疫的动机缘何？不同类型的社区社会组织参与防疫是否具有差异化？

本文以长期扎根的社会学实验基地为例，通过观察社区社会组织的微信群互动交流内容，梳理社区社会组织在社区防疫期间所发挥的作用，提出社区社会组织参与社区防疫的重要性和局限性。

一、研究场域的基本情况

由于新冠肺炎疫情属于公共安全突发事件，具有事件的突发性、危害的灾难性、范围的广泛性、原因的复杂性、影响的关联性以及演变的隐蔽性[1]的特点，对于身处社区外的研究者来说，这种无法预测的变化，导致无法进入研究场域进行实地参与式观察研究，而很多信息和行动情况只能通过另一渠道即社区社会组织长期使用的微信群传递出来。本文基于北京大栅栏社会学干预实验研究基地，采用微信民族志[2]的方法，对社区社会组织在疫情期间每天发生的动态信息进行记录、观察和梳理，作为研究观察的案例资料。

大栅栏街道属于北京老旧胡同街区，地处北京旧城核心地区，是北京市 33 个“文保区”之一。街道辖区面积 1. 26 平方千米，共有 9 个社区，户籍人口约 4. 9 万人，常住人口约 4 万人，其中居民约 2. 3 万人，外来人口大约占一半比例。现有居民多以 60 岁以上的老年人为主，居民中的第二代即青壮年大多不在大栅栏居住和生活。在大栅栏 9 个社区中，只有 1 个社区为楼房和平房混合区，其他 8 个社区均为平房区。大栅栏街道共有百余条胡同，通往前门大街、珠市口西大街、南新华街以及前门西大街等主要道路，属于开放性街区。由于是胡同区，居民所居私人空间狭小，往往会挤占公共空间，居民的居住面积较小，室内活动空间有限。由于大栅栏已有600 年历史，房屋结构老旧，房屋破旧老化，安全防火是大栅栏街道每年冬天需要做的重点防控工作之一。同时，由于大栅栏特殊的地理位置，离天安门最近的距离约为1000米，因此逢年过节的维稳执勤工作格外关键。由于疫情发生前外来人口返乡过年，部分本地老年居民到儿女家居住，因此疫情期间居住在大栅栏街道的主要是本地老年居民。随着疫情的到来，面临着维稳和防疫的双重压力，社区防疫工作和保障在地居民生活、卫生、安全的任务异常艰巨。虽然街道和社区党委持续坚守，为保障居民平安不辞辛苦、昼夜难眠，然而整个大栅栏地区的防疫工作仅靠基层政府和社区工作人员的力量依然是杯水车薪。随着时间的推移，工作内容和工作量不断增加，社区党委动员了社区社会组织和社区居民参与到了此次社区疫情防控的过程当中。

大栅栏街道社区社会组织的基本情况。大栅栏街道共有114个社区社会组织，其中在街道备案的组织数量为64个。社区社会组织包括兴趣类组织56个（49.1%），例如艺术团、舞蹈队、合唱队等；服务类组织30个（26.3%），包括助老服务队、邻里互助队等；志愿类组织28个（24.6%），例如志愿环保队、志愿巡逻队等。由于大栅栏是胡同区，自2017年开始有了胡同准物业，暂时没有业委会。

社区社会组织微信群的来源及特征。2017年初北京大栅栏社会学干预团队（以下简称“干预团队”）尝试将培育社区社会组织的方式由单一的线下培力陪伴改为线下培力陪伴和线上追踪观察相结合的方式，以实现精准培育的目的，因此尝试用微信群的方式观察社区社会组织的即时活动信息。

由于疫情的原因均须进行物理隔离，因此社区社会组织无法进行线下活动。社区社会组织利用微信群等工具保持了组织成员间的信息沟通，充分记录了社区社会组织在疫情期间所开展的活动情况。本文的研究数据来自作者基于信任关系而加入的52个社区社会组织的84个微信群的信息数据。

二、社区社会组织参与社区防疫的案例分析

学者对于社区社会组织的定义基本趋同，即社区社会组织是由社区居民发起成立[3]，在城乡社区中开展一系列与居民生活需求相关活动的非营

利和非政府性[4]102的社会组织，其通常具有主体性、地域性、自治性以及草根性[5]等特征。社区社会组织在社区中是一种非常特殊的组织形态，既来自于民，又服务于民，是基层社会治理的主体之一[6]。社区社会组织既可以按照是否备案或登记进行划分，也可以按照组织活动的内容和类型进行划分[7]。根据社区社会组织进行社区防疫的内容，以先后时间作为梳理依据，发现社区社会组织在疫情期间主要发挥了发布疫情相关提示信息、微信群内自主辟谣、线上云培力及感受分享、社区邻里互助帮扶以及配合社区防疫的线下工作等作用。

（一）发布疫情相关的提示信息

社区社会组织参与社区防疫的首要内容即在微信群中发布关于疫情防控的相关提示信息，使组织成员对于后期组织的活动安排形成有统一共识。同时每个组织成员背后实际上是社区内的一户家庭，通过社区社会组织微信群的信息传递，相互提示注意个人防护，可以扩大疫情期间安全防控提示信息的传播范围，也可以避免一定程度的信息不对称现象，让社区社会组织成员以及成员所在的家庭能够充分了解本社区的疫情情况，避免造成恐慌或混乱的局面。

（二）微信群内自主辟谣

由于新媒体工具的广泛使用，且疫情期间存在着信息不对称性，使得谣言的传播比常态下更为严重。学者对于谣言的理解具有差异性，认为谣言是传播者主观捏造的没有事实根据的虚假信息[8]，或认为“谣言”在学术研究中为一个中性词，指未经证实的信息，而不一定是虚假的信息。[9]而不论是贬义还是中性之词，谣言均是一种广泛存在的社会文化现象。[10]笔者在研究中发现，在微信群里转发未经证实的信息后，组织成员会根据辟谣平台查询，或是亲自证实信息真伪，并且发到微信群里提醒其他组织成员注意信息的非真实性。而发布未经证实的信息者，也会虚心接受建议，有时也会在确认信息是谣言后自行辟谣。

（三）社区社会组织线上云培力及感受分享

社区社会组织虽然无法延续疫情前的活动，但依旧延续了定期开展活动的机制，活动方式由线下转为线上。在组织开展活动的过程中，基本上围绕着此次疫情来设计活动内容，在提升组织管理能力和成员专业能力的基础上，积累社区防疫的素材。根据开展的活动也提示队员关注社区防疫的动态变化，具有关注社区防疫的意识。在线上开展培力活动，丰富社区居民的日常生活。

（四）社区邻里互助帮扶

由于大栅栏属于老旧街区，且在居住人口结构中老年人比重较大，因此社区社会组织在助老服务和邻里互助方面具有较长时期的稳定发展，形成了相对稳定的组织形态、服务对象和服务队员，保障在疫情时期能够延续之前的组织活动。由于外部环境的突发变化，阻断了面对面互动的环境，社区社会组织从传统的上门入户慰问转变为利用微信或电话进行慰问。例如在疫情期间社区的助老队均延续了疫情前的服务模式，持续为助老对象提供邻里间的互助服务。并且将定期的入户慰问改为了定期的电话问安，对于居住在助老队员身边的老人，队员们尽自己最大的努力为老人提供所需的服务。

（五）配合社区防疫的线下工作

社区社会组织是社区防疫有力的支持力量，在社区党委的带领下，组成成员充分做好个人防护并参与社区消杀、清理卫生死角、出入证发放、点位值班和登记、关注并及时上报返京人员的动态信息等社区工作。同时，社区社会组织会在社区党委统一的部署安排下进行整个社区志愿者队伍的重组，加入临时社区防疫小分队，协助社区工作者开展各项社区防疫工作，共同发挥社区社会组织在联防联治、联防联控的作用。

例如三井导览队在疫情前通过学习为本地居民和外来游客进行街区胡

同的导览解说，疫情期间导览队暂停了所有接待活动，凡是依然居住在大栅栏街道内的能人，12 名导览队员全部成为逆行志愿者，参与到了社区防疫和志愿服务中。无论刮风下雨坚持一天两次在街巷、胡同、院落逐一消杀，并在消杀登记表上做好每日消毒记录，不放过任何死角；社区志愿者值班人员也是以三班倒方式坚持准时到岗。

三、社区社会组织参与社区防疫的行为特征分析

基于对社区社会组织参与社区防疫的案例分析，发现以下行为特征。

（一）从网络环境过渡到现实环境

根据以上案例及数据，社区社会组织参与社区防疫最初是从发布提示信息开始的，同时伴有自主辟谣的行为，因此在防疫前期主要是以网络环境（微信群）为媒介。随着疫情逐渐稳定，新冠病毒的传染特征和防控要求逐渐清晰后，社区社会组织开始参与实体环境的防疫工作，例如由电话慰问特殊群体，转变为线下代买蔬菜水果以及代为开药等行为，最后是配合社区防疫的行政事务工作。因此通过微信民族志资料的记录，以社区社会组织参与每项社区防疫工作的时间为依据，可以发现社区社会组织参与社区防疫具有从网络环境过渡到现实环境的特征。

（二）由单一“公共性”动因逐渐转变为多种参与动因

与环境变化类似，社区社会组织参与社区防疫的“公共性”动因也有一个变化的过程。从最初发布提示信息和辟谣开始，参与的动因以交往理性为主，基于组织成员所在的“公共空间”为公开环境，通过在微信群里的沟通达成对组织后期计划的共识。随后基于社区社会组织自身需求，开展线上云培力和作品分享的活动，以及基于与服务对象产生的邻里情感和常态化互助行为而进行邻里互助，由最开始的交往理性因素扩展为交往理性和价值理性多因素。最后当社区处于常态化防疫并需要人力支持时，会向社区社会组织发出招募需求，此时社区社会组织基于与社区两委的关系

维系等因素，增加了工具理性这一因素。因此社区社会组织参与社区防疫的动因是逐步扩展和丰富起来的。

（三）从自我防疫到邻里互助再到参与社区防疫的过程

社区社会组织最初是从自我防护做起，在做好自我保护的同时，提醒其他队员注意防疫，并且通过自己的亲身实践与其他队员分享防疫心得。之后会关注到身边的邻居，尤其是特殊群体，例如老人、特困等家庭，利用自己平日买菜的机会，为邻里提供互助帮扶。再之后会根据社区两委的需求，参与社区防控的工作，呈现出自益、互益、共益和公益的特征。

四、社区社会组织参与社区防疫的局限性分析

在此次疫情期间，社区社会组织其实是有限参与社区防疫的工作，原因主要有以下四方面。

（一）对于社区社会组织参与社区防疫的作用和职能尚未明确

由于社区社会组织的成员均为社区居民身份，因此社区社会组织的行动首先需要符合国家的统一要求。疫情前期社区社会组织在本组织的微信群中开展发布提示信息和辟谣的行动较为迅速，然而对于开展更大范围的邻里互助以及社区服务等工作则需要等待社区两委的许可和招募，无法主动及自行开展。当发布了《民政部、国家卫生健康委关于进一步动员城乡社区社会组织开展新型冠状病毒感染的肺炎疫情防控工作的紧急通知》之后，社区两委开始动员社区社会组织参与到社区防疫的工作当中，因此在防疫后期可以看到社区社会组织进行线下邻里帮扶活动，并承担社区防疫的行政事务。此外，该通知的接收方并非社区社会组织，而是可以动员社区社会组织的部门。即使有了国家的动员令，但对于社区社会组织在疫情期间可以做什么、需要做什么尚未明确，这在一定程度上限制了社区社会组织参与社区防疫作用的发挥。除了本文梳理的五大防疫内容外，社区社会组织参与社区防疫的内容可以更多，范围可以更为广泛。

（二）社区社会组织成员参与社区防疫的安全机制尚未充分建立

在新冠肺炎病毒面前，人人都可能被感染。作为社区社会组织的成员，在开展社区防疫工作时，需要以保障组织成员的安全为前提。在疫情初期，参与社区防疫的社区社会组织并非向医护人员或是社区工作者统一发放防护工具，更多的是依靠社区社会组织成员的自我防护。社区社会组织参与社区防疫工作后，健康安全是否能得到保障并不确定，保障社区社会组织成员的安全机制尚未完善，这也成为限制社区社会组织参与社区防疫工作的因素之一。

（三）社区社会组织参与社区防疫的行动内容未充分得到官方授权

在《民政部关于大力培育发展社区社会组织的意见》中提出对社区社会组织的分类指导思路，对于未在民政部门办理登记的社区社会组织，街道办事处及社区党组织具有领导和管理权。在疫情期间，那些未被街道或社区授权的社区社会组织参与到社区防疫体系的可能性较低，社区社会组织能否参与更多防疫工作受到街道或社区授权的限制。如果是有意愿授权给社区社会组织开展社区防疫的社区或街道，会为社区社会组织提供参与防疫的渠道，或激活更多社区社会组织的参与；反之，有可能会将社区社会组织排除在社区防疫体系之外，会挫伤社区社会组织参与社区防疫的积极性，导致社区社会组织认为社区防疫事不关己。

（四）社区社会组织受到自身组织管理能力和活动设计实施能力的限制

社区社会组织在疫情期间根据组织自身特色开展社区防疫的活动需要在疫情发生之前具备组织管理能力和活动规范化运作能力，这样在疫情期间才有可能显示出组织韧性。然而，目前大部分社区社会组织在组织结构、管理体制、决策程序等方面尚不健全[4]104，社区社会组织自身能力也成为制约社区社会组织参与社区防疫的因素之一。

五、对于社区社会组织参与社区防疫的建议措施

根据社区社会组织参与社区防疫的局限性原因分析，提出以下建议措施。

一是将社区社会组织纳入社区防疫的体系中，提升社区社会组织参与社区防疫工作的合法化，加大鼓励社区社会组织参与社区防疫的政策力度，并且细化社区社会组织参与社区防疫的范围和具体内容，制定社区社会组织参与社区防疫的激励措施。

二是建立社区社会组织成员参与社区防疫的安全保障机制，例如提供保险或其他防护措施，有效保障社区社会组织成员的健康安全。

三是鼓励街道或社区增加社区社会组织参与社区防疫工作的渠道，动员更多社区社会组织的参与，明确社区社会组织成员参与社区防疫的权力和责任，有效发挥社区社会组织的作用。

四是加大对社区社会组织的培育力度，并广泛培育不同类别的社区社会组织。重点培育社区社会组织搭建稳定的社区居民关系网络、社区社会组织在突发公共安全事件中良好的应急反应能力、社区社会组织良好的组织管理能力以及提升社区社会组织的活动设计和实施的规范性。通过提高组织韧性，确保社区社会组织在常态和非常态环境下均能发挥出自身的作用。

参考文献：

[1]刘铁.公共安全与公共管理[J].学习与探索,2004(5):81.

[2]唐魁玉,邵力.微信民族志、微生活及其生活史意义:兼论微社会人类学研究应处理好的几个关系[J].社会学评论,2017,5(2):77.

[3]赵罗英,夏建中.社会资本与社区社会组织培育:以北京市D区为例[J].学习与实践,2014(3):102.

[4]耿云. 我国城市社区社会组织的发展困境及其对策[J]. 云南行政学院学报,2013,15(6).
[5]郁建兴,李慧凤. 社区社会组织发展与社会管理创新:基于宁波市海曙区的研究[J]. 中共浙江省委党校学报,2011,27(5):40.
[6]何欣峰. 社区社会组织有效参与基层社会治理的途径分析[J]. 中国行政管理,2014(12):68.
[7]夏建中,张菊枝. 我国城市社区社会组织的主要类型与特点[J]. 城市观察,2012(2):25.
[8]刘勇. 从谣言传播公式看谣言的生成土壤及遏制机制[J]. 中州学刊,2012(4):101.
[9]常健,金瑞. 论公共冲突过程中谣言的作用、传播与防控[J]. 天津社会科学,2010,6(6):65.
[10]魏泉. 网络时代的"谣言体":以微信朋友圈为例[J]. 民俗研究,2016(3):92.

实验经验：湘东区农村综合体建设

“农村综合体”：基层社会治理路径的新探索

文亚萍　廖圣生[①]

摘要：江西省萍乡市湘东区大力弘扬新时代“枫桥经验”，以农村（社区）社会治理综合体为载体，打造了具有湘东特色的新时代基层社会治理创新品牌，从而形成了新时代基层社会治理的“湘东模式”。“农村综合体”是湘东区对基层社会治理路径的一种新探索。“农村综合体”建设的基本经验在于：一是践行了“以人民为中心”的发展思想；二是开拓了基层社会治理的社会化模式；三是构建了自治、法治和德治相结合的基层治理体系；四是创新了基层社会治理的保障体制。

关键词：湘东区；“农村综合体”；基层社会治理；路径创新

2018年7月以来，江西省萍乡市湘东区大力弘扬新时代“枫桥经验”，以农村（社区）社会治理综合体（以下简称“农村综合体”）为载体，打造了具有湘东特色的新时代基层社会治理创新品牌，从而形成了新时代基层社会治理的“湘东模式”。湘东区“农村综合体”建设由区委政法委牵头，按照“三新”理念（新模式、新机制、新职能），明确“4＋X”职能。“4”即义务巡防、应急处突、矛盾调解、志愿服务；“X”即各村（社区）根据村（社）情及群众需求，增加若干开展基层平安创建等服务内容。推行“五化”管理（队伍服务志愿化、治安广播日常化、法律明白人专业化、视频监控动态化、治理手段多样化），按照“六有”标准（有队伍、有场

① 文亚萍：江西萍乡市湘东区委常委、政法委书记。廖圣生：江西萍乡市湘东区委政法委副书记。

所、有装备、有制度、有框架、有平台）建设。通过选拔三级网格长、退伍军人、入党积极分子、热心公益事业有社会公德心的村民组成农村社会治理综合体队伍；通过整合森林消防、应急救援、三级网格长、河长制、林长制、公益性岗位等经费共同打造综合体。截至2021年8月，已建成“农村综合体”143个，在册队员达到1900余人。湘东区“农村综合体”建设聚焦于乡村社区居民安全感的提升，有效地降低了乡村社区的犯罪率和信访率，减少了民事纠纷与极端事件的发生，从而大大提升人民群众的安全感。2020年，公众安全感指数达99.66%，列全省第6位。可以说，“农村综合体”是湘东区对基层社会治理路径的一种新探索。

一、“农村综合体”践行了“以人民为中心”的发展思想

萍乡市湘东区“农村综合体”的建设目标就是在基层社会治理中发挥群众内在力量、利用群众自己的方法、解决群众实际问题，提升新时代基层社会治理的能力与水平。具体来说，就是要实现“两提升”“三减少”“四下降”。所谓“两提升”，就是要提升人民群众的安全感与满意度；所谓“三减少”就是要减少涉稳事件、违法案件以及突发事故的发生；所谓“四下降”，就是要使矛盾纠纷总量下降、案件总量下降、信访总量下降、重点人员总量下降。这些目标指数都是与群众生活息息相关，是群众期盼的目标。

二、“农村综合体”开拓了基层社会治理的社会化模式

湘东区的做法：一是发挥同质性空间网络优势。乡村社区是一个地域范围小、人际关系比较密切的空间网络，乡村社区居民由于人熟、地熟、情况熟这个同质性而具有更多共同的情感、意愿和需求。湘东区就是在基层社会治理中，发挥了乡村社区居民容易在公共事务方面结成“关系共同体”，共同参与治理，共同分享治理成果的优势而推进。二是满足群众内心高层次需求。马斯洛需求层次理论认为人有五个层次的需求，现代农村经济社会发展，生活水平提高，人民群众有了更高的价值追求，通过社会治

理这个群众基础性的工作平台来实现自身价值，这是现代农村的一种新需求。

三、“农村综合体”构建了自治、法治和德治相结合的基层治理体系

湘东区的“农村综合体”具有广泛的服务职能，其基本的服务职能为“4 + X”：“4”即志愿义务巡防、应急处突、矛盾调解、便民服务；“X”即各村（社区）根据村（社）情及群众需求，增加若干开展基层平安创建或社会治理方面的服务内容，可以设置新时代文明实践站、法德广场讲坛、家风家训长廊（墙）、村民理事会（户主会）、特殊群体关爱驿站等农村综合体服务智能模式。

农村综合体立足多样化服务职能，辅助政府或者村两委开展解决一件件小但不得不解决的问题，如：处理小案件、化解小矛盾、管好重点人、办好重点事，“农村综合体”已成为基层一个立体化的社会治理防控体系，在解决诸如突发交通堵塞、山火，开展反诈、殡葬、禁烧、环保、宣传调解邻里矛盾纠纷等社会问题上，发挥了综合的作用。综合体队员作为群众身边的人，出于无私公心、出于志愿精神，辅助开展基层社会治理防控，起到了事半功倍之效。例如，新冠疫情期间，湘东区腊市镇明塘村出现全市第一例患者，需要封村管控，群众最开始不理解，个别村民穿越乡村小道冲破隔离管控封锁，综合体队员利用“人熟地熟情况熟”的优势将人员好好地拦截下来，同时综合体队员挨家挨户上门劝解说服。封村后，群众的日常生活物资采购、卡点守值、治安巡逻等前前后后的工作都是综合体队员在义务忙碌……通过2个多月的坚守，群众深受感动，纷纷向综合体队员捐款捐物达10万余元，有一名综合体队员在一线提交了入党申请书。

四、“农村综合体”创新了基层社会治理的保障体制

（一）组织领导机制建设

萍乡市湘东区委政法委对“农村综合体”建设牵头抓总，按时间计划

逐步推进。湘东区各乡镇、街道也成立了相应的建设推进工作领导小组，对“农村综合体”建设进行统筹协调、规范管理、教育培训、检查考核等工作。江西省萍乡市湘东区各村（社区）在党组织的领导下，大力推进“农村综合体”的建设，使农村基层党组织成为带领群众实现综合治理的主心骨，成为村（社区）社会治理的坚强战斗堡垒，引领“农村综合体”的建设方向，以确保“农村综合体”成为村两委（社区）社会治理的一支可靠的群防力量。整个组织领导侧重于精神层面，在整个管理中，基本上做到每日有动态，每周有通报，每月有考评，每季有活动，每半年有表彰，每年有总结。

（二）条件保障机制建设

萍乡市湘东区对经费保障、设施保障、办公场所保障、志愿服务队员人身险保障、资源整合保障等方面作出了明确的规定。关于经费保障：凡“农村综合体”建设通过验收的村（社区），一次性奖励5万元。关于设施保障：由乡镇、街道负责解决服装、器材、监控设施。关于办公场所保障，江西省萍乡市湘东区规定，由村（社区）负责解决办公场所。关于队员人身险保障：由区、镇两级负责给志愿服务队员购买一份综治险。每个综合体分配一家综治责任单位挂点帮扶，协助解决如资金、器材之类的问题。关于资源整合保障：必须整合网格、森林防火、公益性岗位、河长制、文明实践站等资源。

（三）培训考核机制建设

湘东区规定，为了不断提升“农村综合体”队员的综合素质和能力，各村委（社区）对本村（社区）“农村综合体”队员以志愿积分、队伍承诺等方式进行年度考核；湘东区武装部、巡防大队、消防大队、团委等要对“农村综合体”人员进行培训；湘东区司法局要对“法律明白人”进行培训；湘东区文广新旅局要对治安广播站人员进行培训。为了督促“农村综合体”的正常运行，湘东区规定，将“农村综合体”建设纳入村级激励考评工作和综治工作（平安建设）考核评价体系；湘东区各乡镇、街道对本乡镇、街道管辖的“农村综合体”也要进行积分考核。

湘东区农村（社区）社会治理综合体经验告诉我们：做好农村基层社会治理可以用精神激励的方法将广大人民群众的热情、积极性调动起来，激活民力这一池春水，让人们群众乐于参与社会治理、享受社会治理，从而在基层找到人人有责、人人尽责的社会治理的最佳路径。做好农村基层社会治理可以借鉴志愿者的模式推进，在当今这个以追求物质为主流的社会里，一批淳朴的农民以高尚的志愿精神开创农村社会治理的自治模式，这是农村社会治理的新思维，取到了以小见大、以少带多、以正纠偏的社会效果。使基层转变了社会治理理念，创新了社会治理模式，完善了社会治理体系，强化了社会治理保障。

“村企共建”：基层社会治理的创新之举

——以萍乡市湘东区长春村“综合体”建设为例

胡燕云　邓华伏　吴佰利①

摘要：近几年来，湘东区长春村为了推进基层社会治理创新，建立了一支成熟的农村社会治理综合体。治理综合体按照“以企带村、以村促企、双向联动、互利共赢”的总体思路，在“村企共建”过程中注重党建引领和企业社会责任与乡村公共事务相结合推动村企合作，实现企业和乡村的“共建、共治、共享、共赢”。

关键词：“村企共建”；基层社会治理；农村“综合体”建设

萍乡市湘东区长春村位于湘东区下埠镇北部，相邻木马村、杞木村，人勤物丰，交通便利，风景秀丽，是湘东产业园的落户地。全村总面积4.5平方千米，共有3个村民组，23个村民小组，1185户、人口计4788人，9个党小组、党员124人。2018年6月，长春村两委在下埠镇党委、政府的大力支持下，组建了长春村农村社会治理综合体，目前共有队员26名，其中党员12名、预备党员2名、入党积极分子3名，平均年龄为39岁。综合体占地面积约1200平方米，设有训练操场、办公室、装备室、学习室、值班室，装备有两部摩托车、一部电动汽车。长春村农村社会治理综合体自组建以来，积极履行各项职责，认真开展义务巡防、应急处置、护校护市、矛盾调解、便民服务、村企共兴等多种志愿活动；参与了下埠桂花节、花

① 胡燕云：江西新时代社会治理研究中心硕士研究生。邓华伏、吴佰利：分别系萍乡市湘东区长春村村支部书记、村主任。

海节等重要节庆安保工作，协助政府开展文明城市创建、“干净湘东”升级行动等中心工作；尤其是在遭遇突发事件时，综合体队员总是在第一时间赶赴现场，参与应急处置，如“7·9”洪灾发生后，协助处理了大陂河段桥墩应急抢险、工业大道塌方现场交通疏导，多次扑灭山火、野外用火等。同时，以“企兴我赢”的指导思想教育引领村民与企业和谐共存，使长春村成为企业生产发展的好邻居、好帮手、好地方。长春村农村社会治理综合体志愿开展社会治理等方面的工作，协助政府开展各项活动，成为群众的贴心人、政府的好帮手、企业的好邻居，赢得了上级领导、工业园区企业以及辖区群众的一致好评和称赞。

一、“村企共建”：长春村“综合体”建设的一大创举

在下埠镇党委、政府的领导和区委政法委的指导关怀下，长春村委领导农村社会治理综合体与湘东区产业园所在长春村境内13家企业本着“共建、共治、共享、共赢”的理念，谋共建共治、促共享共赢。以企带村，以村促企，资源共享，互利共赢，建立起村企战略联盟。长春村作为产业园的门户村，目前，产业园落户了企业78家，其中长春村境内有13家（就业人员1700余人，本村输送劳动力460余人，占就业人员的26.4%），产业园与村相结合面积约2.6平方千米，占村总面积57.8%。综合体队员义务化解企业矛盾、协助维护企业治安、志愿开展企业消防、帮助企业解决困难，企业积极参与村级扶贫、乡村建设、发展经济、完善综合体装备等，共同营造出了友好的村企关系、和谐的社会环境，共创美丽乡村，得到了村企群众和员工的赞扬和拥护。

（一）凝心聚力共建

村、企党组织充分发挥基层党组织的龙头功能和引领作用，发挥农村社会治理综合体的专项独特作用，凝心聚力齐共建，携手合作促发展。其主要内容包括：

长春村党总支与园区企业党支部开展共建活动，经常开展村企座谈会，

相互走访，互通有无，联络感情；村企共建以来，共同促进村民就业、村民增收，实现了在家门口就能就业，建立了稳定的劳动力资源输送渠道，截至2020年7月，共转移劳动力465人（含综合体队员及家属13人）；开展社会公益活动：企业高管人员在综合体队员的引带下，对长春村困难家庭进行了春节慰问和心理安抚；为努力营造和谐平安的村企共建环境、安全稳定的治安环境、规范有序的施工环境、安居乐业的生活环境，本着“平等自愿、资源共享、优势互补、注重实效”的原则，通过长春村社会治理综合体党员与企业结对共建的方式，实现企业与村组之间的良性互动，达到“推动发展、服务群众、凝聚人心、促进和谐”的目标。村企联建以来，综合体与企业联合举办各类活动，大大提升了党组织凝聚力。“村企共建”活动为长春村党总支带领下的农村社会治理综合体建设注入了活力，也更好地助力了村级经济发展，促进了社会和谐稳定，开创了富村强企、党建共赢的新格局。

（二）多方联动共治

长期以来，长春村两委与产业园企业不断强化区域融合，企业与综合体在治安管理、应急处置、志愿服务、矛盾调解上互帮互助，提高村企治理能力。村企共治让百姓生活更安定美好，村企周边环境更和谐稳定。村民共治主要内容包括：长春村农村社会治理综合体队员经常与企业安保人员相互学习切磋消防救援技能培训等；2019年长春村村委为激励企业与农村和谐发展，评选出园区十佳好邻居；村企共建、共防、共治，全方位打好新冠肺炎防疫阻击战，企业慰问防疫一线工作人员，为他们送去物质和精神激励。同时，加强防疫期间农村和企业的及时沟通，共同努力，筑牢村企平安建设的第一道防线；产业园派出所指导长春村农村社会治理综合体队员和园区企业安保人员开展义警志愿活动；综合体队员协同派出所干警调处涉企矛盾纠纷等。

（三）发展成果共享

长春村两委与产业园企业坚持“发展为了人民、发展依靠人民、发展成果由人民共享”的理念，朝着共同富裕的方向稳步前进。其主要内容包括：长春综合体队员每天早晚开展义务护校行动（长春小学中园区职工子女学生占91%），保障学生安全；产业园区企业支持长春村开展帮扶共建工作（园区企业安排扶贫对象8户共7名劳动力就业），帮助贫困村民脱贫，分享企业发展成果，增强村民幸福感；产业园派出所为长春村农村社会治理综合体送来警用设备，包括警车、警服等，并指导训练；产业园企业与长春村共同改善道路、水利设施等，完善农村基础设施建设，改善村民生活环境，提高生活质量。

（四）参与各方共赢

长春村以农村社会治理综合体为载体，与园区企业携手共建共治，激活农村基层党组织和非公企业党建的“一池春水”，走出了一条“企业获发展、村民得实惠、乡村有新貌”的“三赢”之路。其主要内容包括：长春村不但在村容村貌上提升了“颜值”，辖区内还实现了零上访、零吸毒、零案件。社会治安稳定，群众安全感达98%以上，涉企矛盾纠纷的调解率达100%，村民获得感、幸福感和安全感不断提高；近5年来，园区企业存在招工难问题，长春村主动帮助园区做好招工信息的宣传推广，并积极输送了就业人员。近年来，长春村坚持以法治、德治、自治“三治”结合，让法治教育贴近实际、贴近生活、贴近群众、贴近园区，促进村民和企业职工道德素质，法治意识等的提高。不仅推动法治建设与经济社会同步健康发展，还为企业创优了发展环境。

二、“两个注重”：长春村“村企共建”的基本经验

党的十九届四中全会审议通过的《中共中央关于坚持和完善中国特色社会主义制度、推进国家治理体系和治理能力现代化若干重大问题的决定》对“坚持和完善共建共治共享的社会治理制度”提出了明确要求，为新时代加强和创新社会治理指明了方向。政府资源和能力是有限的，政府在整个社会治理格局中主要承担着指导和推进作用，承担实施责任。因此，整

合社会各种资源、动员社会多个主体共同参与对群众的服务和对国家社会公共事务的管理，满足群众多样化的服务需求以及解决国家复杂多样的社会公共事务，形成社会治理人人有责、人人尽责、人人享有的局面，努力实现社会共建共治，才能共享和谐稳定的社会发展环境。村企共建，在企业与长春村农村社会治理共同体的共同努力下，实现企业发展与强村富民同步，可以说是基层社会治理的一种创新方式。

长春村社会治理综合体的建设是湘东区发挥群众智慧治理社区的重要创举。长春村“综合体”队伍的构成，由村民自愿报名、政审把关，努力打造一支有能力、有想法、能办事、办好事的优秀队伍。长春村“综合体”建设，立足于村情实际，不断探索和完善，总结和提升。立足于“治安巡防、应急处置、矛盾调解、便民服务、村企共兴”服务理念，与企业努力构建织密群防群治、平安和谐的“天罗地网”，不让一项纠纷、一项矛盾、一例案件成为“漏网之鱼”。“综合体”内规范管理、严格培训、强化保障。以农村社会治理“综合体”为引擎，推动社会治理创新能力大幅度提升。长春村农村社会治理“综合体”与“村企共建”的合作还要加强两个方面。

一是注重企业社会责任与乡村公共事务相结合。村企共建的实行，一方面，企业驻扎于农村，尤其是农、林、牧、渔、水、矿产、能源等产业，要充分挖掘农村资源和特色，发挥其天然的土地和劳动力优势，综合企业自身经济能力、技术能力和管理能力等，实现企业经济利益的最大化。长春村农村社会治理“综合体”本着“为企业保驾护航，做企业坚强后盾”的认真负责的工作态度，化解企业矛盾、协助维护企业治安、志愿开展企业消防、帮助企业解决困难。企业取得经济收益才会反作用于农村，在“精准扶贫”“环境保护”“乡村建设”“经济发展”“村民就业”等方面提升服务质量，改善民生，加快新农村建设。另一方面企业现代化的经营模式、经济意识以及管理理念，可以转变村民传统的经济发展理念和文化思维，调动村民参与基层社会治理的主动性和积极性，建设人人有责、人人尽责、人人享有的社会治理共同体。

二是注重党建引领。在村企共建过程中，一定要以党建为引领，发挥基层党组织战斗堡垒作用，逐步将“综合体”成员发展成为党员，发挥党员先锋模范作用。进一步加强村企合作，构建“资源共享、双向共赢”的党建合作新格局。村企共建的成果，离不开党支部的引领，党支部是农村和企业沟通的桥梁，缓和村企紧张关系，化解村企矛盾，以此构建村企和谐发展的稳定外部环境。长春村村企共建优秀成果的取得是以高质量的“综合体”建设为基础的。长春村农村社会治理综合体在治理过程和自身发展中，一是要不断地反思和总结，灵活处理农村问题、村企矛盾，不断探索治理的新路径和提高创新能力；二是要强化“综合体”成员责任，提升成员综合素质。同时党委政府要给予队员荣誉性激励，加强精神支撑，保持“综合体”队伍的积极性、主动性和持续性。

三、长春村“村企共建”的反思与探讨

虽然长春村的“村企共建”合作成效初显，但村企合作助力乡村振兴是一个循序渐进的过程，也就是说，需要着力构建村企共建和共兴的长效机制。

一是要抓党建和班子建设，为“村企共建”提供思想组织保证。企业与长春村联合建设党支部，这一举措可以较好地推动村企思想共振、组织共建、资源共享，由企业支部书记和村支书共同确定发展目标。二是要抓科学决策，确保“村企共建”的正确方向。企业的发展不仅关系到企业员工的利益，也与村民利益紧密相关。因此，企业重大事项需要由村企联合讨论作出决议，即从村民中选取具有一定经验的代表参加决策会议，必要时代表需要征求村民意见，共同参与企业发展，共享企业发展成果。三是要抓规划统筹，规避“村企共建”利益冲突。长春村要与入驻企业共同找准利益共同点，在此基础上盘活乡村资源、发挥企业优势，将企业发展与乡村经济发展高度融合。四是要抓联合办公，增强村企沟通协调能力。长春村要发挥农村社会治理综合体的作用，架起企业与村民之间的沟通桥梁，构建畅通的协调和沟通机制，化解“村企共建”过程中的矛盾

纠纷，实现企业发展和乡村振兴的动态管理。五是要联合生态保护和环境治理。企业的入驻必然会带来一系列的环境治理问题，这些问题如果处理不好，则容易引起村民群众的不满，不利于“村企共建”的长远发展。因此，农村社会治理“综合体”要在企业入驻之前就要做好废水、废物、废气安全、标准排放的保障工作。六是要联合提供就业创业条件，支持村民返乡工作，提高乡村活力。长春村要建立人才引进和留住人才政策，构建企业发展助力乡村振兴，乡村为企业提供人才支撑又促进企业发展的良好循环模式。

“六字工作法”：基层矛盾纠纷化解的一条新路径

——以萍乡市湘东区明塘村“综合体”建设为例

朱妍钦　罗钦彪　邬雄辉[①]

摘要：基层矛盾纠纷的化解问题是一个国家、社会长治久安的基础性工作。萍乡市湘东区明塘村为基层矛盾纠纷化解开创了一条新的路径——“六字工作法”，即“学”“走”“聊”“帮”“化”“带”。“六字工作法”有一定的可操作性与可复制性，可广泛适用，在此基础上，明塘村还推行出“六字工作法”的基本经验——“四个强化”，即强化党组织的领导核心地位，强化基层政府的治理责任，强化基层治理的手段创新，强化社区工作者的队伍建设。2020年以来，新冠疫情的出现给基层矛盾纠纷化解提出了新的挑战，在新形势下，各部门必须把握基层矛盾纠纷化解的特点和规律，以精细化、法治化、智能化、专业化助力基层矛盾纠纷的化解。

关键词：基层矛盾纠纷化解；“六字工作法”；路径创新

萍乡市湘东区明塘村地处萍乡市市区以西、湘东以南，与救塘村相望，和乌岗村相毗邻，距萍乡城区约17千米。全村总面积2.82平方千米，其中耕地面积1296亩，山地面积1.88平方千米，水面面积0.23平方千米。辖17个村民小组，人口3456人、842户。党支部现有支委委员3人，中共党员105人，其中预备党员1人，有7个党小组长。明塘村村集体经济收入8万元，村内有小型鞋料加工厂2家、花炮厂1家，村小学1所，村卫生所3

---

① 朱妍钦：江西新时代社会治理研究中心硕士研究生。罗钦彪、邬雄辉：分别系萍乡市湘东区明塘村村支部书记、村主任。

所，大小山塘水库16口，其中小Ⅱ型水库1座。全村主要以农业和劳务输出作为经济基础。已建农家书屋2所，已建农村社区4个，现有村级卫生所3所，村小学在校学生364人，养老保险覆盖率95%，医疗保险覆盖率100%，村级党员组织规范建设情况好。

明塘村农村社会治理综合体，成立于2018年8月。以“村综治中心”为主阵地，将村级警务室、综治室、矛盾调解室、陈步上网格工作室有机融合，采取村民自荐、村“两委”审核把关、报上级批准的方式重点从年轻党员、农村退役军人和基干民兵中选拔综合体成员，目前共有队员20人。综合体成员平时主要是从义务巡防、应急处置、矛盾调解、志愿服务四方面开展工作，自综合体运行以来，扎实开展了以疏通赶集道路、为学生们上学放学护航、夜间义务巡逻、大型活动现场秩序维护、应急志愿服务为主要内容的志愿活动；以陈步上同志的“六字工作法”，积极做好群众的贴心人，不仅弥补了农村警力不足的短板，还大大激发了群众参与社会治理的热情，拉近了干群党群关系，使群众的幸福感、获得感和安全感进一步增强。

一、“六字工作法”：明塘村“综合体”建设的一个新创举

“六字工作法”的提出者系现年70岁的明塘村老支部书记陈步上。他现在担任明塘村老年人协会会长、明塘村关工委主任、明塘村网格化管理工作第四网格长、党小组长。自开展“两学一做”学习教育以来，陈步上不断创新工作方式方法，设立了明塘村第四网格群众工作室，创造了“学、走、聊、化、帮、带”的基层矛盾化解“六字工作法”。

（一）“学”

所谓“学”，就是指学习党的理论知识和政策法规等，提升为民服务能力，与时俱进、不断学习。陈步上除了看新闻与报纸之外，重点学习了党章、党规和习总书记系列重要讲话精神，坚决以“8个不忘初心”激励自己不断前进。通过学习，他的理想信念更加坚定。他专门备稿，通过讲“微党课”的形式，送学上门，以讲促学，以讲帮学，用自身的感悟和事迹

感染身边人，引导身边人。目前陈步上已正式成为市委宣传部“百姓讲身边的故事”宣讲团成员和湘东区“两学一做”学习教育宣讲团成员，多次受邀宣讲，弘扬社会正能量。

（二）“走”

所谓“走”，就是指走访联系网格住户，全面掌握群众需求。“调查是谋事之基、成事之道”。要准确地掌握群众的基础信息和动态信息，及时掌握群众的各种诉求就必须坚持经常登门上户走访。陈步上坚持做到“腿勤、嘴勤、手勤、脑勤”，坚持每日走访5户以上，特殊时期每天走访几十户，并设计了一套走访工作日记，做到日日有记录，事事有档案，对网格内每家每户情况都了如指掌，同时积极为群众开展定点、代办和上门服务，为村“两委”干部减轻了工作压力，让村“两委”干部腾出更多时间发展经济，改善民生。

（三）“聊”

所谓“聊”，就是指与群众聊天拉家常，拉近了干群党群关系。在上门走访的同时，与他们一起聊家事、聊国事、聊致富之道等，准确掌握群众的各种诉求。对留守儿童、空巢老人、特困户进行重点登记和备注，以便及时给予帮助和救助。在了解到困难家庭学生上学困难的实际情况后，为了能够使困难家庭的孩子不输在起跑线上，陈步上组织成立了湘东区明慧扶贫助学促进会，对困难家庭的学生进行重点帮扶。同时为了方便群众办事，他在自己家中设立了群众工作室，帮助群众解决各种困难与问题。

（四）“化”

所谓“化”，就是指化解矛盾纠纷，做好群众的贴心人。陈步上在了解信息的同时，也积极为群众排忧解难，对能够解决的问题当场拍板解决，当面能解决的矛盾就地协调解决，做到绝不拖拉。不管是水圳整修问题还是婆媳关系紧张问题，他都第一时间到现场了解情况，以一把钥匙开一把锁的方法，对症下药，很快群众反映的问题都得到了圆满解决。彭家岭11

户农户将耕地承包给陈礼根栽种药材，合同期为2012—2016年，但是到2014年11月，承包人途中终止合同，但拒不支付2014年土地租用费，经协商几次无效后，陈步上写出报告向一级网格汇报，在一、三两级网格负责人的协助下，通过协商，陈礼根只同意出资70%。他一方面做11户农户的工作，一方面在一级网格黄主任的支持下做陈礼根的工作，到8月14日，终于使陈礼根将土地租用费按75%一次性付清。

（五）“帮”

所谓“帮”，就是指帮扶困难群众和贫困学生，送去亲人般的关怀。“两学一做”基础在学，关键在做。陈步上积极践行“两学一做”学习教育精髓，以解决好群众最迫切的问题为己任。彭家岭阳军同志的妻子陈小文患有精神病，凤凰桥邹彬枚同志夫妇年老多病，儿子邹甫元患有间歇性癫痫病，家庭经济十分困难，要求解决低保。但评定时间已过，陈步上耐心作出解释，并立即向村两委汇报，采取填空补缺方法于9月份和11月份分别解决了两家的低保。欧阳顺国因摩托车失事身亡，家中上有老下有小，经济十分困难，上门了解情况后，陈步上自己写报告，冒雨租摩托车跟村委一起专程去往湘东区民政局请求解决困难补助和儿女的低保，依据程序两项均获得了解决。大沙塘李云玉家房屋由于受巨源矿采煤和喀斯特地形影响，房屋开裂，到陈步上群众工作室反映情况后，除了协同镇村干部3次到他家实地察看外，自己4次到他家进行走访，并帮助李云玉家于2016年3月搬出危房。

（六）“带”

所谓“带”，就是指做重点人员带路人和公益事业带头人，发挥了党员先锋模范作用。“每个人的工作时间是有限的，但全心全意为人民服务是无限的。”陈步上无论是建学校、建村部、建老协和保障房，都兼任安全和质量监督组长，随时随刻都坚守在建设一线，确保工程保质保量完成。在走访过程中，了解到少数群众对“脱贫攻坚”政策了解不清楚，精准识别时有意见和投诉，陈步上就专程到各家各户走访，宣讲脱贫攻坚政策，并协同村“两委”做好群众工作，做好前期的摸底调查。有3户不符合条件不能纳入建档立卡贫困户的群众，陈步上也协助他们家人积极就业，将其介绍到村上的鞋厂或扶贫产业基地就业，得到了群众的广泛认可和赞同。

实践证明，“六字工作法”具有可操作性，可以真正地将“学”“走”“聊”“化”“帮”“带”落实到每一个工作细节。从学习党的理论知识和政策法规到做重点人员带路人和公益事业带头人，每一点都细化了具体措施，提高了可操作性，而不是简单抽象的概念。同时，“六字工作法”也具有一定的可复制性，“六字工作法”不仅适用于明塘村，也可以适用于其他社区或村。一个好的创新理念，除了要以群众需求为出发点、切实解决实际问题外，其观点与做法的可复制性，也是一个不可忽视的重要方面，它能够更好地扩大“六字工作法”的影响力，让更多有需要的人受益。

二、“四个强化”：明塘村推行“六字工作法”的基本经验

（一）强化党组织的领导核心地位

明塘村党支部成立于1984年5月，下设党小组7个，现有党员109人。明塘村注重完善基层党建工作领导体制，强化基层党组织建设，切实加强基层党组织对各类组织和各项工作的领导，将党的领导贯穿于村级治理全过程各领域，确保党的路线方针政策在明塘村全面贯彻落实。健全农村社区党组织领导下充满活力的基层群众自治机制，领导和支持基层群众性自治组织依法开展自治，用党内基层民主带动基层群众自治，以党的建设引领农村社区治理，强化基层党组织政治功能，建设农村社区服务型党组织，更好地服务改革、服务发展、服务民生、服务群众、服务党员。

（二）强化基层政府的治理责任

明塘村的“六字工作法”离不开基层政府的大力支持。基层政府应按照以块为主、条块结合的原则，切实履行城乡社区治理的治理责任，加强对“六字工作法”的政策支持、财力物力保障和能力建设指导，优化乡镇

基本公共资源配置，创新乡镇公共服务供给方式，加大政府购买服务力度，加强城乡社区资源的统筹整合，进一步规范基层群众性自治组织建设，不断提高依法指导城乡社区治理的能力和水平。另外，基层政府还须做好学习宣传工作，将“六字工作法”的创新理念和做法宣传到各个社区和村委，供大家学习和借鉴，充分发挥其可操作性和可复制性，让更多人受益。

（三）强化基层治理的手段创新

明塘村“综合体”建设履行的“矛盾不上交，小事不出村，火灾不出现，案件少发生”坚持和发展了新时代“枫桥经验”，明塘村也是新时代“枫桥经验”的践行者。习近平就创新群众工作方法作出重要指示强调把“枫桥经验”坚持好、发展好，把党的群众路线坚持好、贯彻好。明塘村的“六字工作法”不仅在基层治理的手段上有突破性的创新，还心系群众，六字中的每一字都与群众息息相关，坚持以人民为中心；以自治、法治、德治为主要路径；以共建共治共享为主要格局，将新时代“枫桥经验”具体化、实践化，不断增强人民群众获得感、幸福感、安全感。

（四）强化社区工作者的队伍建设

“六字工作法”需要人才来实施。明塘村注重将社区党组织、基层群众性自治组织成员以及其他社区专职工作人员纳入社区工作者队伍建设范畴，制定社区工作者管理办法，统筹社区工作者队伍管理，注重把优秀社区党组织书记选拔到乡镇领导岗位，加强对社区工作者的教育培训，提高其依法办事、执行政策和服务居民能力，进一步完善社区工作者奖惩制度，调动社区工作者服务群众的积极性。

三、反思与探讨

“六字工作法”坚持走群众路线的做法值得赞赏，也取得了进一步的成效。但是在当前的政策与形势下还需要不断进行创新和改进，特别是2020年出现的新冠疫情对基层矛盾纠纷化解提出了新的挑战。在新形势下，我们必须把握基层矛盾纠纷化解的特点和规律，加大创新的力度，提高基层矛盾纠纷化解的针对性和时效性。以下几方面仍须改进：

（一）以精细化助力基层矛盾纠纷化解

精细化不仅是衡量社会治理水平的一个重要标尺，也是进一步加强和推动社会治理创新的重要方向。推动基层治理迈向精细化，是新时代推进基层治理体系向更高层面推进的关键所在。明塘村的“六字工作法”除了陈步上书记的提出与推动，还需要公众积极参与履行，虽然基层社会公众的参与意愿较之过去已经有了较大程度的提高，但对标社会治理精细化和高效化的要求仍然存在差距，这主要是因为在发展不充分和不均衡的背景下，社会力量的成长难以完全适应和满足基层社会治理精细化的内在需要，社会群体化分化的速度远超社会整合和再组织化的速度，社会公众的组织化和社会组织的发育水平亟待进一步提高。另外，多元主体间协调治理的关联性和有效性较差，“搭便车”的现象时有发生。这就要求相关主体及时沟通、密切协商。一是在打造共建共治共享社会治理格局的过程中，要在坚持和完善“党委领导、政府负责、社会协同、公众参与、法治保障”的社会治理体制下，进一步明确政府的“核心”职能，采用权力清单、负责清单、目标责任制等多样化机制来强化政府核心职能的界定、履行与评价。二是要依据功能分化、优势互补的原则充分发挥包括群团组织、社会组织、企业、中介机构、公众在内的多元主体的独特优势和积极效应。

（二）以法治化助力基层矛盾纠纷化解

2021 年 4 月 28 日，中共中央、国务院发布的《关于加强基层治理体系和治理能力现代化建设的意见》（以下简称《意见》）指出要“推进基层治理法治建设。提升基层党员、干部法治素养，引导群众积极参与、依法支持和配合基层治理。完善基层公共法律服务体系，加强和规范村（居）法律顾问工作。乡镇（街道）指导村（社区）依法制定村规民约、居民公约，健全备案和履行机制，确保符合法律法规和公序良俗”。想要形成务实管用的村规民约，就要规范和完善村规民约的制定程序、主要内容等，为实现乡村善治提供制度保障。对于进一步加强村规民约法治化建设：一是要实施备案审查，在村规民约送乡镇政府备案的环节，明确乡镇政府的备案审查职能，由乡镇政府对村规民约违法情况进行审查，提升村规民约的法治化水平。二是要尊重村情民意，在贯彻落实中央政策、践行社会主义核心价值观的前提下，村规民约可结合本村实际，以回应村民重大关切问题为主。三是要坚持与时俱进，作为村规民约的备案单位，乡镇政府在中央重大工作部署、涉农重要法律修订等时间节点集中组织辖区内村规民约的修订工作。

（三）以智能化助力基层矛盾纠纷化解

《意见》指出，要加强基层智慧治理能力建设，整合数据资源，实施"互联网+基层治理"行动，完善乡镇（街道）、村（社区）地理信息等基础数据，共建全国基层治理数据库，推动基层治理数据资源共享，根据需要向基层开放使用。完善乡镇（街道）与部门政务信息系统数据资源共享交换机制。推进村（社区）数据资源建设，实行村（社区）数据综合采集，实现一次采集、多方利用。加快全国一体化政务服务平台建设，推动各地政务服务平台向乡镇（街道）延伸，建设开发智慧社区信息系统和简便应用软件，提高基层治理数字化智能化水平，增强政策宣传、民情沟通、便民服务效能，让数据多跑路、群众少跑腿。充分考虑老年人习惯，推行适老化和无障碍信息服务，保留必要的线下办事服务渠道。尤其在新冠肺炎疫情防控的特殊时期，"互联网+"更是不可或缺的治理手段。明塘村可以巧用"互联网+基层矛盾纠纷化解"，运用互联网关注舆情、分析大数据，对潜在的社会矛盾和可能发生的事件做好事前防范。明塘村可开设"民情邮箱""民生在线"等多种利益诉求表达渠道。领导干部要学会走网络群众路线，经常上网看看、聊聊天、发发声，了解群众所思所愿，将社会矛盾控制在始发状态。

（四）以"专业化"助力基层矛盾纠纷化解

"专业化"指的是要提升社会治理专业化水平，加强社会治理专业人才培养。《意见》强调，要加强基层治理队伍建设，充实基层治理骨干力量，加强基层党务工作者队伍建设。各级党委要专门制订培养规划，探索建立基层干部分级培训制度，建好用好城乡基层干部培训基地和在线培训平台，加强对基层治理人才的培养使用。健全社区工作者职业体系，建立岗位薪酬制度并完善动态调整机制，落实社会保险待遇，探索将专职网格员纳入社区工作者管理。加强城乡社区服务人才队伍建设，引导高校毕业生等从事社区工作。明塘村要打造专业化队伍，高效化解社区矛盾纠纷。按照“人员职业化、工作专业化、待遇工薪化”的工作目标，选聘两名专职人民调解员，并普遍落实专职人民调解员持证上岗、教育培训、等级管理、监督考核制度，通过岗前培训力求专职调解员能够熟练掌握人民调解工作常用的法律法规和工作技能，确保快速进入调解角色。同时，依托矛盾纠纷多元化调处中心，吸纳整合各类社会力量，形成具有自身特色的社会治理新体系。

“五治融合”：基层社会治理的创新性探索
——以萍乡市湘东区金城社区“综合体”建设为例

章楠楠　彭跃丰[①]

摘要：“五治融合”是推进基层社会治理创新性探索的重要内容。萍乡市湘东区金城社区的实践经验表明，基层社会治理的创新要从“五治”：自治、德治、法治、心治、智治入手。形成自治强基础、法治促保障、德治帮引领、心治来化解、智治助支撑的“五治”的基层社会治理新格局。“五治融合”并非自治、德治、法治、心治与智治的简单相加和组合，而要把它视作一个有机整体。这就要求构筑“五治融合”的基层社会治理结构时，必须考虑组织结构的整体性，而非零散还原。因此，在推进基层社会治理创新的过程中，要始终坚持发挥居民的主体性作用，增强居民的道德意识，运用法治方式解决基层社会矛盾，运用心理工作化解居民心理困顿，完善网格化管理。

关键词：基层社会治理；“五治融合”；治理创新

萍乡市湘东区金城社区位于峡山口街最南端，占地面积0.9万平方千米，320国道附线从中穿过，地理环境优美，有山有水，现有居民住户286户，分为5个居民组：马道里居民组、送水塘居民组、平步岭居民组、江仔边居民组、朱家屋场居民组，共有居民1277人，其中60岁以上老人248人。

---

① 章楠楠：江西新时代社会治理研究中心硕士研究生。彭跃丰：萍乡市湘东区金城社区党支部书记。

峡山口金城企业公司与金城居委会原是“两块牌子一套人马”，是原萍钢扩建征地农转非区域之一。为缓解周边关系，原萍钢将其纳入联达公司管理，并于1993年3月成立金城企业公司，由联达公司统筹分配萍钢给予的部分附属业务，获取的利润惠及居民以确保稳定。因为金城居委会移交属地政府自2019年4月开始金城企业有限公司与金城居委会政企分开。

一、“五治融合”：金城社区“综合体”建设的创新性探索

（一）立足自治

自治是市域社会治理现代化的社会基础。应着力增强城乡社区居民的主体意识，充分发挥城乡社区居民在市域社会治理现代化中的主体性作用，必须尽快完善群众参与市域社会治理现代化的制度化渠道。金城社区建立综治中心，成立金城社区综合体志愿巡防队，协同社区居委会和居民共同进行社区治理。金城社区综合体志愿巡防队队员由15名女性社区居民组成，她们更加细心和亲民地为社区居民提供志愿义务巡防、应急处突、矛盾调解、志愿服务等服务，同时开展关爱留守儿童、关爱空巢老人、关爱特殊人群、爱林护林、护校护市（集市）、文化惠民、禁毒宣传等服务，积极带动社区居民参与社区治理，提升社区安全感和幸福感。

（二）注重德治

德治是市域社会治理现代化的伦理根基。应着力增强城乡社区居民的道德意识与自律能力，培育人人守则、人人守德、人人向善的良好社会风尚，深植社会秩序的伦理根基。为了提升德治水平，进一步提升居民素质，丰富农民群众精神文化生活，提高社区社会文明程度，金城社区每月开展了环境卫生评比活动，提高居民的公共卫生意识和卫生责任。

（三）加强法治

法治是市域社会治理现代化的制度保障。应着力增强城乡社区居民的

法治意识与法治能力，树立法治权威，推广法治理念，学会运用法治思维和法治方式化解基层社会矛盾。金城社区运用法治思维和法治方式推进基层社会治理，以综治中心平台，设置警务室和矛盾纠纷调解室，配备3个“法律明白人”和一个广播站进行法治宣传和接受社区居民的法律咨询，并运用法律解决相关矛盾纠纷。同时，“法律明白人”接受湘东区司法局的培训，不断增强“法律明白人”的自我法律知识和法律意识，提升法律服务能力，有效开展义务巡防、应急处突、与法律有关的矛盾调解等和利用治安广播站和普法宣传手册等多种方式进行禁毒宣传、未成年人违法犯罪预防等法治宣传活动。开展扫黑除恶工作，邀请峡山口街钢城派出所片区民警讲解扫黑除恶相关内容，悬挂大幅标语宣传，入户发放宣传单，巡逻车流动播报扫黑除恶相关内容等进行扫黑除恶专项斗争宣传，提升居民的法治意识和同违法犯罪行为做斗争的能力。

（四）做实心治

心治是市域社会治理现代化的情感杠杆。应着力建设社会心理服务体系，对城乡社区居民进行有计划的社会心理监测、引导、化解和危机应急干预，培育自尊自信、理性平和、积极向上的社会心态。金城社区居委会工作人员和综合体志愿巡防队员注重心治在社区基层治理中的作用，运用心理工作方法解决居民心理困顿，调解居民矛盾纠纷。如社区低保户文先生，有精神方面疾病，与曾经的工作单位发生矛盾冲突，经社区书记多次心理疏导、调解劝导后得以化解。

（五）推行智治

智治是市域社会治理现代化的科技支撑。应着力完善网格化管理和服务，加强“天网工程”“雪亮工程”等社会治理信息平台建设，充分利用“互联网+”时代下的云计算、大数据、人工智能技术，增加市域社会治理的科技含量。金城社区利用信息化和智能化技术，改进基层社会治理方式，提高基层社会治理效率，其主要做法为：一是构建网格化管理的“智治”

体系。金城社区进行网格化管理，由三级网格长负责管理网格区，服务网格内居民。二是搭建信息化的“智治”平台。金城社区建立社会综合体安防监控平台，安装一套电子监控系统，监控系统的监控点为各居民小组的主要路口以及各居民组内居民集中地，实现“人防”与“技防”的有机结合，从而保障社区治安安全。三是利用网络化和信息化平台实现互动“智治”。建立社区大微信群和各居民组微信群等，通过微信群宣传政府正能量，发放各类通知文件，帮助居民办理医保、激活社保卡等服务。

二、“六个强化”：金城社区推进“五治融合”的基本经验

（一）强化队伍管理制度建设

金城社区的“综合体”由社区领导、街道综治办、公安派出所、消防大队、区志愿者协会等进行业务指导。首先，实行队长负责制，各队员密切配合，分工协作。综合体队长职责是针对全队的日常事务作决定，对全队负责。被街道、社区两级核准为“综合体”队员后，才具备“综合体”队员身份，才有资格参与“综合体”开展的各项志愿活动，才能着“综合体”核发的服装，才能使用“综合体”的器材。其次，实行居委同意制，各“综合体”成员积极配合，做好后勤保障。开展“综合体”的各项活动须经居委同意，其活动的主要内容是从事志愿便民服务、志愿治安巡逻、志愿消防、志愿宣传、志愿化解矛盾纠纷、志愿抢险救灾等。活动期间原则上着“综合体”核发的服装，如遇不能参加的活动，要进行报告。活动完毕后，参与者要向“综合体”负责人汇报完成情况和出现的问题并及时做好记录，对活动期间不听从指挥或不遵守相关规定的人报居委按相关规定进行处理。最后，实行培训制，提高各成员的思想和法律觉悟，给予相应激励措施。综合体成员要接受相关部门提供的志愿服务基本理念、相关技能、相关法律知识等方面的培训，不断提高“综合体”成员的服务能力和综合素质，要保持良好的形象和精神风貌。此外，“综合体”成员每年签订一次承诺书，对“综合体”、居委、社会作出志愿服务、遵纪守法的承诺

说明，对每次能够积极参与“综合体”的活动并且服从“综合体”分配者实行计分制，必要时给予以奖代补的鼓励；对不参加活动或违反活动规定，并造成一定影响的取消“综合体”成员的资格，造成一定损失者的要追究责任。对于活动中优秀的“综合体”成员将优先列为发展党员入党积极分子对象，或居委会后备干部，或社会公益事业、道德模范等候选对象。

（二）强化理论学习制度建设

金城社区的“综合体”经常组织成员参加学习例会，交流“综合体”运行情况，研判辖区内的治安形势和遇到需要解决的问题，部署下阶段中心工作。加强政治理论和时事政策学习，不断熟悉法律政策，学会化解矛盾问题的方法和技巧尤其是在工作和学习中养成记录的好习惯。为了提高综合体成员的学习能力，社区要求坚持每周抽出一定时间进行集中学习一次，将学习中、工作中遇到的好人好事、巡防中遇到的问题要通过综合体小喇叭等方式开展宣传出去，每个“综合体”小喇叭定期为居民开展宣传，传播正能量，宣传日常的一些治安、消防的防范知识。

（三）强化巡逻管理制度建设

金城社区的“综合体”强调做好基层社会治理建设巡逻管理制度是保障社区安全、居民安居乐业最直接的安全网，直接联系服务群众，把问题解决在基层。巡逻的主要任务包括：维护巡区治安秩序，特别是党政机关、重点要害部位、大型公共场所、校园、集市周边等重点地区的治安秩序；控制街面发案，预防和制止违法犯罪行为；对可疑人员、可疑车辆、可疑物品进行盘查检查；巡察巡区安全防范情况，提示沿街有关单位、居民消除隐患，对沿街公共场所的治安状况进行监督；救助走失儿童、老人、伤病人员及其他急难者；劝解、制止巡逻中发现的民间纠纷；解决群众求助和上级交办的其他事项。对巡逻人员在巡逻中的主要要求有：严格按规定着装，配带急救包、橡胶棍、防割手套、对讲机、强光电筒、钢叉、现场执法记录仪等装备；严格执纪、秉公办事、举止规范、文明执勤、礼貌待人，不得超越或滥用职权，并慎用武器警械；巡逻过程中，不得互相大闹嬉戏，不得边巡逻边抽烟、看书、看报和做与工作无关的事情，无事不得进入商店、饭店等公共场所，严禁私入民宅，惊民扰民；落实责任制，在规定的区域内巡逻，密切注意责任区域的安全；发现正在实施的犯罪行为，要及时报警，在保证自身安全的前提下，奋力抓逮罪犯，并注意证据的收集，移交公安机关处理；建立巡逻微信群或运用巡防云等App，及时上报巡逻情况，巡逻结束，做好值勤装备的上交工作，并做好巡逻交接记录。

（四）强化装备管理制度建设

金城社区的“综合体”强调实现装备动态化和安全化是“综合体”社区的重要目标。为充分发挥装备效用的最大化，安全使用，综合体装备应实现动态管理，定期维护，落实责任。做到熟悉使用装备。综合体成员需要学习、掌握警用装备的使用方法和维护常识，需要持证使用的必项具备相关证件才可使用，如驾驶车辆，不得擅自使用器材装备，造成不良后果自己担责；实行警用装备统一管理。通过设置装备保管室或专用保管柜，对所有警用装备进行统一造册登记，建立警用装备使用管理台账，并实行专人保管制度；实行警用装备动态管理。综合体成员只有在执行统一任务时，才可以使用装备（包括服装），在警用装备申领和归还环节中，由专人做好登记、验收工作。在警用装备使用过程中，一旦发现有违规使用、损坏、遗失装备等情况发生时，按照“谁使用、谁负责”的原则，追究其责任；实行定期维护保养。根据装备的使用、耗损等情况，每月进行一次维护保养，增强爱护装备的意识，熟悉装备的性能和管理使用规程，确保装备技术性能良好，使用安全可靠，使各类警用装备随时处于最佳状态；警用装备器材所有权为居委。严格执行“统一领导，归口管理，分级负责，落实到人”的原则，层层落实责任制。

（五）强化卫生管理制度建设

创建文明、宜居宜业的社区综合体，必须创造良好的办公环境。金城社区的“综合体”强调办公区域干净整洁，做到保持清理，不定期清扫，定期维护，创造洁净优美的办公环境；综合体办公区内应保持无污迹、无纸屑、无痰迹，办公桌面清洁，物品摆放整齐。其他活动区域包括监控中心、服务中心、办公室、值班室和器械室等的清洁卫生由值班人员负责，每天进入或离开时进行打扫，其他时间应做到随时打扫，保持办公区域的整洁，确保柜台、桌面、地面的整洁，维护好周边的清洁卫生综合体的统一服装要保持干净整洁，防火服要定期清扫飞尘，注意时刻保持清洁，办公区域内严禁吸烟、嚼槟榔等。

（六）强化责任追究制度建设

金城社区的“综合体”十分注重强化责任追究制。所谓责任追究制，是指综合体人员在履行职责过程中，违反法律、法规或有关制度，行为受到群众投诉和上级批评的工作人员，由相关责任人承担行政和经济责任的制度。其中追究范围具有以下情形之一者，予以责任追究：违反法律、法规和有关制度规定的；违反综合法规和有关制度，工作作风恶劣，服务态度生硬，刁难村民群众的；在无不可抗拒因素的情况下，未能按承诺办理有关业务工作的以综合体的名义谋取私利、假公济私、“吃拿卡要”、乱收费、乱罚款、乱摊派损害群众利益的；其他违纪违规的。综合体人员在履行其职责过程中的责任追究办法包含了违反上述责任追究范围的行为，视情节轻重，给予批评教育、责令检查、综合体除名；构成犯罪的移送司法机关处理；因工作过错、过失造成损失的，追究相关责任人相应的赔偿责任。如有下列行为之一者，给予批评教育：答应了的工作在活动中不可以指挥的办事者来请求服务，应及时办理的而不办理；对前来综合体办事的人解释不清楚，造成误会的；工作中出现一般性差错的有损综合体形象的。有下列行为之一者，责令检查：不遵守综合体制度致使工作被耽误的；不熟悉业务，又不听指挥，办事出差错的；不执行有关制度，经批评教育仍未改正的；办事拖拉、刁难服务对象的；擅自不将警用装备归还的。如有下列行为之一者，从综合体除名：以综合体名义工作，私自收取费用造成较大损失和影响的；出现违法行为的；违规使用警械，造成不良影响的；借综合体的名义私自进行有偿服务的；不文明值勤，态度特别恶劣、侮辱、打骂服务对象的；搞小团体及个人利益，不令行禁止，搞上有政策，下有对策的；借综合体的便利进行“吃拿卡要”等损害服务对象利益的。

三、金城社区推进“五治融合”的反思与探讨

（一）居民的有效参与是解决市域社会治理难题的关键所在

市域社会治理打破了以血缘、业缘为基础的村庄传统熟人圈子，形成了多元、需求多样的新型城市社区。基层社会治理以自治为基础，这使得其他四要素可以更有效地融合。在涉及公共利益的相关事项管理中，金城社区自治组织的决策能力得到了居民们的认可，居民们对治理工作有了新的认识。在参与金城社区活动方面，居民们的热情度较高，社区治理工作能够有效唤醒社区居民的主人翁精神和社区责任感。金城社区作为基层群众性自治组织，其组织目标是实现居民自我管理、自我教育和自我服务，贯彻执行党的路线、政策、方针。因而，金城社区治理首要任务就是大力培育“多元共治”意识，消除现代化社会给人们带来的疏离感，激励居民参与金城社区公共事务，形成共同的认同感和归属感。金城社区治理工作有关的部门、组织和人员动员起来，积极培养“社区领袖”（基层治理者、党员先锋、社区积极分子、社会工作专业人士等），营造民主的政治环境和社会氛围，共同完成社区的服务与监督工作。

（二）市域社会治理的过程是智能化手段交互运用的过程

金城社区治理是一个系统工程，需要多元手段的综合运用。针对社区居民多元化诉求，传统的管理手段和方式往往是程序的、标准的、规范化的，因为提供差异化、个性化的公共产品成本巨大。在金城社区治理中，通过民主协商解决社区共同性问题是社区发展模式的具体运用，满足居民的个性化需要，有针对性地提供差异化、个性化的公共服务，则需要运用

专业的力量来实现。比如，网格化管理的“智治”体系；搭建信息化的“智治”平台；利用网络化和信息化平台实现互动“智治”。针对金城社区的“智治”工作，金城社区要以协同理论为理论依据，重构社区治理工作流程，建立社区治理和社区共治于一体的智能化社区治理平台。

（三）市域社会治理离不开法治化的保障

金城社区的市域社会治理需要保障法治化取向，这要求任何微小的权力都要有法律授权，依照法律行使，并且受到法律的监督。在涉及公权力方面，首先，金城社区社会治理人员非常关注合法性的问题。充分发挥社区党组织的核心作用和党员的领导示范作用，保障了基层社会治理方向的正确性；其次，充分发挥村规民约等“软法”的作用。注重村规民约的自治制定，是基层社会治理法治化的重要支撑。最后，完善基层矛盾纠纷调解机制。发挥“法律明白人”、矛盾纠纷调解室、警务室等多种方式的矛盾调解联动机制，实现了由单一行政部门调解向多元化调解的转变。强化了“小事不出村，大事不出镇，矛盾不上交，就地化解”的理念，筑牢了基层治安防控体系“安全网”。

党建引领：基层社会治理的政治航标

——以萍乡市湘东区日星社区“综合体”建设为例

周　琳　向建华[①]

摘要：基层党组织是党在基层社会的战斗堡垒，是党同人民建立血肉联系的核心纽带。日星社区在“综合体”建设过程中，始终坚持党建引领，将其作为“综合体”建设的政治航标，十分注重加强基层党组织建设，充分发挥基层党组织的政治优势，将党的领导贯穿于基层社会治理的全过程之中。日星社区主要从民主评议党员制度、党员谈心制度、党务公开制度、“三会一课”制度四项制度进行创新。在“综合体”建设过程中，结合本土实际，坚持党建引领，因而实现了惠民生、维治安、保稳定、优民风的四大基层社会治理目标。日星社区在党建引领中要求注重：一是注重运用党建打造基层社会治理的“共建共治共享”格局；二是注重运用党建强化基层社会治理中的党组织建设；三是注重运用党建构筑基层社会治理中的服务载体。

关键词：基层社会治理；党建引领；政治航标；农村“综合体”建设

萍乡市湘东区日星社区地处湘东城乡接合部，下辖7个居民小组，总面积3.8平方千米，户籍人口1860人，常住人口6000余人，党员66人。社区周边有大型民企方大萍安钢公司，有湘东城区三产最繁荣的新街，流动人口多，社会治理难度大。随着经济转型和社会转型的不断深入，利益诉

---

① 周琳：江西新时代社会治理研究中心硕士研究生。向建华：萍乡市湘东区日星社区党支部书记。

求和观念追求的日益多元，社区面临的社会治理问题日益凸显。为破解难题，日星社区党支部以强党建为抓手，以党支部为先锋和纽带，推行党员联户制，使社区无职党员功能化、服务化，实现党员服务群众全覆盖。同时，以党建为引领，创建社会治理综合体，组建平安志愿者服务队伍，打造社区文化平台，得到群众的认可和积极参与，社区社会治理效果显现，支部堡垒作用得以发挥，社区社会和谐稳定，群众安全感、幸福感提升，取得了很好的政治效应和社会效益。

按照湘东区区委政法委的要求，日星社区以“4+X”确立了社会治理综合体服务功能，即义务巡防、应急处置、矛盾调解、志愿服务，加社区文化服务功能。按照“五个一”的要求进行建设，即组建一支志愿服务队伍，选聘一个法律明白人，建设一个治安广播站，组建一个综合体微信群，安装一套视频监控。同时，设立了便民服务中心，一站式便民办事服务。通过严格的审查，日星综合体招募了20名队员，主要由党小组长、居民组长、网格长、退伍军人、入党积极分子和居委会后备干部组成，社区每年拿出2万元对他们进行积分考核奖励，确保了综合体队伍的长期正常运行。社区管理由行政引导向民主自治型转变，为居民平安筑起了一张牢固的“防护网”。

一、党建引领：日星社区“综合体”建设的政治航标

习近平总书记多次强调“基层工作很重要，基础不牢，地动山摇”，因而“必须扎实做好抓基层、打基础的工作”。日星社区在“综合体”建设过程中，始终坚持党建引领，将其作为“综合体”建设的政治航标，十分注重加强基层党组织建设，充分发挥基层党组织的政治优势，将党的领导贯穿于基层社会治理的全过程之中。调研发现，该社区主要创新了以下四项制度。

（一）民主评议党员制度

日星社区以支部或党小组为单位进行每年一次的党员民主评议，参评

对象为全体党员。民主评议以党章规定的党员标准为主要依据。主要内容是：是否具有坚定的共产主义信念，坚持走中国特色社会主义道路，立足本职，脚踏实地，全心全意为人民服务；是否坚决贯彻执行党的基本路线和各项方针、政策及上级党组织的决定；是否站在改革前列，维护改革大局，树立正确的利益观；是否严守党纪、政纪、国法，坚决做到令行禁止；是否艰苦奋斗，廉洁奉公，牢固树立群众观念，自觉维护群众利益。该社区民主评议党员工作注重实效简便易行。其步骤为：学习教育，自我评价，民主评议，组织考察，表彰和处理。在民主评议的基础上，基层党支部按上级要求评选出优秀党员，妥善处置不合格党员，并报上级党组织审批。

（二）党员谈心制度

日星社区以党支部为基本单位推进党员谈心制度，由党支部书记或委员与辖属党员进行谈心。党支部每季度跟辖属党员谈心一次，如发现党员思想和工作中出现异常，就及时与党员进行谈心。谈心的目的在于了解党员学习、工作、思想和生活情况，征求党员对支部工作及本单位业务工作的意见和建议，解答党员提出的疑难问题，指出党员思想中存在的问题，并帮助克服解决。谈心坚持以下原则：一是平等原则，即领导者要放下架子，以平等的心态和党员相处，不得盛气凌人。二是诚恳原则，即要对人诚心实意。三是艺术性原则，即要善于选择时机，掌握分寸，要有进有退，有理有节找准问题。

（三）党务公开制度

日星社区的党务公开以发扬党内民主、增强党组织工作的透明度、加强党内监督为重点，不断扩大党员群众的知情权、参与权、选择权和监督权，提高党组织的执行能力。党务公开的内容主要包括全局工作、思想建设、组织建设、制度建设等方面的具体事项以及多数党员群众认为有必要公开的非保密的党内其他事项。党务公开坚持真实性原则，强调公开的内容要真实、全面、具体。同时，强调党务公开要具有针对性。仅适宜在党内公开的，要通过支部有关会议和通报等形式进行公开；可向社会公开的，要在党务公开栏、政务公开栏中公开。此外，强调党务公开要突出时效性。常规性工作每季度公开一次，阶段性工作完成后及时公开，临时性工作随时公开，重大事项经上级党组织审批后公开。公开期间，安排专人负责收集整理群众的意见和建议，并将处理和落实情况予以再次公开，接受群众监督。

（四）“三会一课”制度

“三会一课”制度是党的组织生活的基本制度，是党的基层支部应该长期坚持的重要制度，也是健全党的组织生活，严格党员管理，加强党员教育的重要制度，是我党经过长期实践证明的一种行之有效的党组织生活制度。日星社区的“三会”是指定期召开支部党员大会、支部委员会、党小组会，“一课”是指按时上好党课。支部大会每季度召开一次，会议由全体党员参加，根据内容的需要，有时可吸收非党干部或入党积极分子列席参与。支部委员会每月召开一次，遇特殊情况及有必要时，支部书记可随时召集。会议由全体支委会成员参加。支部委员会决定重要事项时，到会支部委员必须超过半数以上。党小组会一般每月召开一至两次，如支部有特殊任务，次数可增加，也可推迟召开。会议由小组全体党员参加，由党小组长主持。该社区每个季度上一次党课。认真制订党课计划，由组织委员负责。建立考勤制度，无特殊情况，不能无故缺席。对因故未能参加党课的党员要及时补课。

二、实现“四大目标”：日星社区坚持党建引领的实践成果

日星社区在“综合体”建设过程中，结合本土实际，坚持党建引领，坚持“东西南北中，党政军民学，党是领导一切的”，因而实现了惠民生、维治安、保稳定、优民风的四大基层社会治理目标。

（一）党建引领惠民生

日星社区地处湘东城乡接合部，下辖7个居民小组，总面积3.8平方公

里，户籍人口1860人，常住人口6000余人，党员66人。社区周边有大型民企方大萍安钢公司，有湘东城区三产最繁荣的商业街，流动人口多，社会治理难度大。随着经济转型和社会转型的不断深入，利益诉求和观念追求的日益多元，社区面临的社会治理问题日益凸显。为破解难题，日星社区党支部以强党建为抓手，以党支部为先锋和纽带，推行党员联户制，使社区无职党员功能化、服务化，实现党员服务群众全覆盖。同时，以党建为引领，学习“枫桥经验”，创建社会治理综合体，组建平安志愿者服务队伍，打造社区文化平台，得到群众的认可和积极参与，社区社会治理效果显现，支部堡垒作用得以发挥，社区社会和谐稳定，群众安全感、幸福感提升，取得了很好的政治效应和社会效益。

（二）建立机制维治安

按照上级的要求，结合日星社区实际，我们以“4+X”确立了社会治理综合体服务功能，即义务巡防、应急处置、矛盾调解、志愿服务，加社区文化服务功能。按照“五个一”的要求进行“综合体”建设，即组建一支志愿服务队伍，选聘一个法律明白人，建设一个治安广播站，组建一个社区微信群，安装一套视频监控。同时，还设立了便民服务中心，为社区居民提供民政、劳动保障、计划生育、矛盾调解等一站式便民服务。实行“五化”运行管理，即队伍服务志愿化，法律明白人专业化，视频监控动态化，治安广播日常化，治理手段多样化。

（三）平安护航保稳定

通过严格审查，综合体招募了20名志愿巡防队员，主要由党小组长、居民组长、网格长、退伍军人、入党积极分子和居委会后备干部组成，集搜集社情民意、矛盾纠纷化解、消防应急处理、义务宣传、关爱老人、治安巡逻为一体。自队伍成立以来，先后开展了道路安全疏导、放学护航、关爱老人、法制宣讲等志愿服务活动。他们坚持日夜巡逻，及时有效处理各种应急事件，制止和震慑犯罪，为维护一方和谐与稳定作出了贡献，成为社会治安的一支重要辅助力量。综合体队伍的成立让社区居民用自己的方法去防范和化解身边的问题，在群防群治的过程中获得了荣誉感和满足感，提升了安全感和幸福感。

（四）社容民风双提升

在党支部班子的带领下，在社区居民的积极参与下，社区“白改黑”等环境整体提升工程全面铺开，文化会演、体育竞技、公益活动、志愿服务等多种活动如火如荼开展。社区居住环境得到了极大的改善，文化、教育和公益融入了社区与居民的生活。大家在相互交流中增进了沟通和了解，在共同参与中传递着友爱和温暖，社区也成为居民们想来、愿意来的地方，参加乐队、舞蹈队等文艺活动的居民络绎不绝，来社区健身、看书、上网、练习书法的居民越来越多。民风顺了，支部凝聚力提高了，政治功能发挥了，“共建、共治、共享”的社会治理模式得以落地生根。

三、“三个注重”：日星社区坚持党建引领的基本经验

注重党建引领，应该说是基层社会治理的一条创新路径。日星社区开展“综合体”建设的基本经验在于以下“三个注重”。

（一）注重运用党建打造基层社会治理的“共建共治共享”格局

党的十九届四中全会报告提出了“坚持和完善共建共治基层共享的社会治理制度”的战略目标。共建是共治与共享的动力源泉；共治是共建与共享的有效载体和实现路径；共享是共建共治的价值目标。在构建共建共治共享的基层社会治理新格局中，党建引领具有不可或缺的地位和作用。在基层社会治理中，党建引领发挥着价值引领和行动带头的作用，发挥着整合政治资源和群众资源的作用，同时，也发挥着组织协调和利益关系协调的作用。日星社区正是在党建引领下，确立了“4 + X”的社会治理综合体服务功能，组建志愿服务队伍、社会微信群等，引领群众参与到基层社

会治理中，实现共建共治共享。

（二）注重运用党建强化基层社会治理中的党组织建设

在基层社会治理中，日星社区的党组织认识到自身的责任与使命。党组织只有自身坚强有力，才能有效领导基层社会治理。在实践中，日星社区加强党组织的建设，构建四种制度：民主评议党员制度、党员谈心制度、党务公开制度与“三会一课”制度。强化党员政治教育，自觉用党的科学理论武装头脑；积极发挥党员“领头羊”作用，实现对基层社会治理的主体引领；以“五个一”工作机制为原则，即“一户一走访、一月一梳理、一事一落实、一季一考评、一年一评议”推进服务型党组织建设，使党建工作真正服务于群众。

（三）注重运用党建构筑基层社会治理中的服务载体

在基层社会治理中，日星社区始终注重在党建引领下创新各类社会治理服务平台。服务平台有效整合政治资源与群众资源，有效构建沟通机制、减少沟通成本。日星社区以“党建 +”“文化 +”为引领，按照建设标准化、服务高效化、功能多样化、管理科学化的要求，打造“一中心一站多点”综合服务模式，推动现有的党群服务中心、新时代文明实践站与八大服务点。党群服务中心为党建引领组织和群众参与社会治理提供了阵地，是加强党群联系的重要载体。社区以“党员联户制”为抓手，持续推进城市基层党建工作，初步形成了共驻共建、互联互动、资源共享、管理有序的区域化党建工作新格局。

社区物业

“信托制”物业服务指南
——基于成都市武侯区的实践

舒可心　陈剑军[1]

摘要：为有效破解传统物业服务模式的治理困境，给基层提供新的物业服务模式选择，武侯区委社治委于2018年底率先探索将信托理念引入物业服务领域，2019年初通过武侯社区发展基金会与小区治理专家合作的方式，在对全区街道、社区开展“信托制”物业服务模式通识培训基础上，以基层自愿为原则开展小区试点。本文对“信托制”物业服务模式的理论和法理基础、特点优势、构成要件、导入路径方法进行了梳理与探讨，力求能为其他有同样需求的小区提供启发和借鉴。但由于“信托制”物业服务模式仍处在探索阶段，甚至在一些方面也还存在可探讨、可商榷的问题，需要在实践中不断检验、改进、完善和丰富。

关键词：信托制；物业服务；公开透明

一、信托释义

（一）信托是信义之约

信托是一种契约关系，包含缔约各方的权利义务。从人与人之间的合作角度来看，面对合作成果中扣除必要成本之后的剩余价值，有两种不同的情况：一种是剩余归己，可称为“利己”；另一种是剩余归他，可称为“利他”。利己是人的本性，而利他是人的天性，基于利己与利他的两种期

---

① 舒可心：社区治理专业主维权专家。陈剑军：社区治理与信托制物业研究专家。

盼，人与人之间的合作可以产生三类不同的连接关系。

市场关系：两方都基于利己而构成的连接，合同是市场关系的一种体现，基于双方共识，约定剩余分配比例，指向各自利益最大化方向。市场关系具有单链结构的特点。

科层关系：一方基于利己、另一方基于利他而构成的连接，呈现出命令与服从的特点指向利己方或命令方的利益最大化方向。科层关系具有树状结构的特点。

信义关系：两方都基于利他目标而构成的连接，一方付出信任以利他，另外一方付出忠诚以利他。信义关系有两种：一种是互惠型利他，也就是“甲利他于乙，乙利他于甲”，构成互相效力的内循环。另一种是开放型利他，在多人合作的情况下，也就是“甲利他于乙，乙利他于丙”，形成开放式外传递，信义关系适用于构建具有公益或共益特征的社会共同体。信义关系具有网状结构的特点，指向共同体利益最大化方向。

信托是信义之约的典型，是法律化的信义之约，指向受益人利益最大化方向，具有分权共治与适合“弱－强”合作等特点，有助于解决小区物业服务困境。

（二）信托是互惠利他共同体

信托有三方主体：委托人、受托人与受益人。委托人拥有财产权利，受托人代替委托人管理财产，受益人享有财产收益。信托由委托人设立，体现其初心，在信托法上称为“信托目的”。

从信托的典型场景来看，委托人往往是受益人的长辈，因为年老等原因，难以继续打理财产，无法再为子孙后代带来收益，委托人知道受益人不善于管理财产，因此不能直接将财产交给受益人。基于爱心，通过信托做好财产安排，在委托人离世后，受益人依然可以从财产上获得长期的最大利益。委托人通过专业的受托人来实现这一制度安排，从机制上确保爱心的传承。

综上所述市场关系、科层关系、信义关系，有以下四种合作方式。

一是市场关系：受益人与受托人都选择利己方式，受益人自主管理财产，但由于专业性不足，受益人获得中等收益。

二是利己方在受益人的科层关系：受托人在受益人指挥下进行管理，类似委托代理，但受益人如果发布错误的指令，则会造成损失。

三是利己方在受托人的科层关系：受托人自由使用委托人让渡的财产，由于受益人能力不足造成管家侵占东家的情形，受益人损失较大，获益较小。

四是信义关系：受益人与受托人都选择利他，受益人明白自身管理能力不足，坚守对受托人的信任，并不干预管理，受托人坚守自身信用，按照受益人利益最大化目标尽职管理财产，将收益交付受益人，促进信托财产的价值提升。

如果受益人具有较强的管理能力，与受托人构成强－强合作关系，那么选择市场关系或选择科层关系，都可以助益受益人获得利益最大化。如果受益人是管理上的“弱者”，而受托人是管理上的“强者”，两者构成“弱－强”合作关系，弱者很难约束强者，则不论市场关系还是科层关系，受益人的实际所得都因对方不忠诚而造成损失。于是，从对受益人的爱心角度出发，委托人则只能选择将受托人与受益人约束在信义关系上，不能偏离到市场关系或科层关系。为了巩固这种信义关系，委托人要预设信托规则巩固两方的权利义务建构利他。

首先是分权。将财产分别给予委托人与受益人，将委托人的爱心变为两个利他之心，一是受益人坚守“信心”以利受托人，二是受托人坚守“忠心”以利受益人，由此构建出信义关系。具体而言，委托人将财产分解为两组权利：一组包括所有权与管理权，交由受托人；另一组是受益权，交由委托人所指定的受益人。

其次是合作。要给双方同时施加利他约束，构建信义关系。具体而言：受托人要承担信义义务，以受益人利益最大化为目标管理信托财产，主动担当风险，及时将所有收益归属受益人。受益人则承担信任义务，以便于受托人履行职责为目标，交付财产，不干涉管理，回报约定的报酬。这样的分权合作规则就是信托（见表1）。

表1 信托分权合作规则

受益人		权利－义务对应		受托人	
义务	信任义务	基于信任给付资金，不干涉日常管理	以自己名义使用资金，具有全面的管理职权	所有权 管理权	权利
权利	受益权	比如查阅、抄录或复制一切相关信息的权利	以受益人的利益最大化来运用信托财产，如管理各种账目文件	信义义务	义务

一旦任何一方在利他之外还增加了利己企图，开始偏离合作，信托规则就会将约束其回归本位。如受益人因其自负干预管理或受托人因其贪婪谋取私利，则信托规则将被启动。法院依据信托规则将裁判违约方承担偏离信义关系造成的损失，而守约方则无须承担。

信托法则使得受益人与受托人须严格遵守委托人的初心，才能双方都获益，谁背离了初心，就无法获得收益，由此形成一个合作共益的命运共同体，实现受益人利益最大化。

（三）信托确保受益人利益最大化

设立信托的目的，是要实现作为弱者的受益人的利益最大化，这是其他财产管理制度所不具有的优势，通过保护机制，达到帮助受益人降低外部风险的目的。保护机制包括如下几个方面。

一是提升财产收益。信托通过分权，充分发挥受托人专业优势，便于其自主管理财产，隔离受益人于财产管理决策之外，避免非专业意见干预管理，尽可能提升财产收益。

二是降低管理风险。委托人信任受托人是基于受托人在专业、财力以及信用等方面的优势，委托人要求受托人替受益人主动抵御外部风险，因此受托人对日常管理承担无限责任，如果受托人违背信托目的带来的损失则不能通过信托财产予以支付，只能由受托人自己承担，这有效防止了受托人借助外部风险来侵占受益人的利益。

三是隔离受托人的私心。信托将信义义务赋予受托人，同时还赋予受益人类似“股东”的共益权，使得任何单个受益人都具有对全部管理事务的知情权、监督权与诉权。对于受托人违背信托目的的行为，信托通过设置返还式救济，在没有给受益人造成损失的情况下，也要将受托人获取的不当利益进行归还，由此更好地保护受益人。

这几个层次的利益保护机制，就是要实现受益人利益最大化的目标。在小区物业服务过程中，业主与物业公司之间也具有“弱－强”合作的特点，通过单个业主的自我维权实现为全体业主维权，将大大降低维权成本，便于对受托人监督。同时信托还设置监察人，有利于党委、政府、社区、专业机构等外部力量以保护弱者身份加入到监督之中，同时将小区物业服务纳入社会治理当中，因此适合采用信托模式。

二、“信托制”物业服务的实质

（一）小区物业服务存在机制错配

物业的类型除了小区物业，还有商业物业、办公物业、学校物业、医院物业等。要将小区治理好，首先要正确区分单位与小区两类物业服务的机理差异。

首先，单位有权威中心，组织效率高，一旦发现物业管理人出现背离合同的行为，可以依约惩罚或干脆辞退物业管理人。小区的情境恰好与单位相反。小区物业服务的权利主体是一群数量巨大、组织较为松散的业主，虽然有业主大会及业委会作为小区权威中心，但由于业主们的有效组织率低，难以像单位那样拥有一个有效运转的权威中心，常常处于没有权威中心或权威中心失能的状态。因此，以物业管理人的专业性与组织力为参照，单位业主与物业管理人之间是“强－强”合作关系，小区业主与物业管理人是“弱－强”合作关系，二者的机理不同。

其次，当下广泛使用的物业服务合同，不论是包干制还是酬金制，都没有法定要求物业管理人如信托制一样要承担信义义务，要为业主们的利益最大化服务，物业管理人对业主的忠诚度较低，在合同双方之间建立的是市场关系，而非信义关系或弱信义关系。即便是弱信义关系的物业服务合同，在“强－强”合作中，也不影响双方合作，因为单位业主与物业管理人自身都具有足够的监督与惩罚能力，此时市场选择是有效的。但在“弱－强”合作关系下，弱信义的包干制与酬金制合同，仅仅基于两方利己、不强调物业管理人忠诚利他的构造成为机制缺陷。作为甲方的小区业主大会常常失能，就出现无人有权依合同维护业主们利益的情况，业主无法向法院主张救济、维护自身权益。小区业主们在遭到重大利益侵犯后，想通过业主大会表决的方式来更换物业管理人也非常困难，市场惩罚机制失效。此时，作为乙方的物业管理人，可能趁机侵占业主的利益，甚至设法促使业主大会失能，所以包干制下的物业管理人设法降低服务水准来提高自身收益，酬金制下的物业管理人设法提升业主负债来提高自身收益，都不会采取降低业主损失的方式来提高自己的收益。业主大会的失能不仅造成对物业管理人的监督失效，也造成对业主不信任的监督失效。业主们指责物业管理人服务水准降低，于是选择不缴纳物业费，形成互相伤害的恶性循环，冲突积累不断放大，最终导致小区业主与物业管理人的合作机制破裂，市场选择失效。

因此，在小区业主与物业管理人强弱不对等的场景之中，传统的物业服务合同就容易产生机制错配，机制错配的长期后果则出现大量矛盾纠纷，导致小区失序，建筑物及管线失管失修乃至崩坏，问题层出不穷，在这种情形下有必要重新选择适合小区“弱－强”关系场景的合作机制，消除机制错配。

（二）“信托制”消除机制错配

业主们需要专业的物业服务，将物业管理权与相应资金托付给物业管理人，并支付物业管理人酬金，这是信任；物业管理人为业主们的利益最大化服务，这是忠诚。物业管理人要首先基于业主们的信任，以自身的专业充任业主们的权威“医生”，接受业主们的委托，为业主们提供专业的物业服务，包括从市场上采购相关劳务、技术服务、设施设备等。由于物业管理人要以自己名义代为业主处理市场交易，如前述采购设备与服务等行为，就势必触及自身利益与业主利益的利益冲突，唯有坚守忠诚才能隔离私心杂念。因此，要保障“弱－强”合作得以长期维系，关键在于夯实信义，业主要对物业管理人信任，物业管理人要对业主忠诚，两者缺一不可，才能极大消除委托、代理困境。

“信托制”物业服务包括三大信义机制，一是物业管理人的信义义务，二是受益人业主的共益权，三是监察人的共治定位，可以有效地消除机制错配，实现小区物业服务的和谐稳定。

第一，受托人在执行信托事务的过程中，必须全部为了受益人的利益，不得从事利益冲突的行为，信义义务是“信托制”物业服务的灵魂，管理人作为受托人，就如何管理与处分财产会因为环境、时机的不同而作出不同的决策。为了便利管理人的专业技能发挥，往往赋予管理人全面的裁量权，而不是逐条约定的授权，全面的裁量权就对应全面的忠诚义务，这种义务就称为信义义务，具体体现在信托法第二十五条至二十八条中，比如受托人为了受益人的最大利益处理信托事务，受托人除了约定的报酬外不得因处理信托事务取得其他利益，禁止将信托财产转为固有财产等原则。

第二，在“信托制”下，个体业主作为受益人的受益权包括自益权与共益权，共益权是为了实现全体利益而赋予个体成员的权利。“信托制”下，共益权就是每个业主都具有对整个小区物业服务的知情权、监督权与诉权。“信托制”下，单个业主所具有的共益化的知情权，不再只是对自己缴纳的物业费的知情，而是对小区所有物业服务内容的知情。每个业主都可以查阅、抄录或复制小区的账目、服务标准、服务流程和服务记录等信息。“信托制”设立业主共益权，在制度上使得每位业主监督物业管理人的门槛就大幅降低。

第三，“信托制”为党委、政府与社区监督小区良性运转提供了信托监察人渠道。信托监察人可以如业主一样充分了解小区事务，不必通过召开业主大会的方式来维护小区业主权益，这大大简便了维权程序，“信托制”

明确了监察人是业主利益的代表，要以业主居民利益最大化为工作方向。这大幅降低了与业主居民的利益冲突，信托监察人具有法律强制力保障，为小区“共治”提供了法律基础。

（三）“信托制”提升小区善治维度

“信托制”基于业主信任物业管理人、物业管理人忠诚服务业主，以解决小区物业服务中固有的利益冲突，帮助业主与物业管理人实现相互效力的长期稳定合作，大幅降低小区业主与物业管理人的纠纷，将促进小区由管理走向治理最终达到善治。2019 年，武侯区推行物业服务“信托制”试点，是基于小区治理的实际需要，提供物业服务的制度供给，重点帮助困境小区重建业主与物业管理人之间的信任的关系，进而提升小区的善治维度。

三、“信托制”物业服务与社区营造

社区营造是构建基于人与人、人与社群、人与社区之间互动、信任关系的一套方法、路径、支点与行动。社区营造的产出是经由营造行动后产生的人与人、人与社区的连接、信任、社群、友爱、互助、合作、温度、和谐。通过社区营造发展居民之间多样化连接，目的是要培养居民成为利他共益的社区共同体的成员，具有“人人有责、人人尽责、人人共享”的社会责任意识。在社区营造的过程中，个体之间建立起利他的信义关系就形成了信义连接，将本来应是信义关系却没有成为信义关系的连接进行重建，就叫作信义再造。

对于每一个小区而言，小区业主与物业管理人的初始关系是由建设单位主导前期物业服务阶段形成的。在这个制度预设环节，业主们与物业管理人签署的包干制协议，是导致物业服务纠纷的机制错配根源。在业主们没有“机制觉醒”的情况下，往往只会采用“更换物业公司”的办法来宣泄不满，但不改变机制错配，而仅是更换物业公司并不能解决问题，同样的纠纷依然会再次重演。“信托制”就是要让业主们获得机制觉醒，明白改革机制才是保障小区物业服务、化解物业服务纠纷的根本。这就需要在广大业主当中普及正确的财产管理知识，需要组织物业管理人与相关各方协商达成共识，需要组织业主们共同决策形成新的管理规约与信托合同，需要召开业主大会导入“信托制”完成信义再造的任务。

导入“信托制”是一个共同体重构工程，本质上超出传统上的物业服务范畴，而是社区营造、社会治理的重要内容，必须建立在社区营造的基础之上。

四、“信托制”物业服务的特点、差异和优势

（一）共有基金信托确保业主利益最大化

明确物业费是业主共有基金的财产属性是最重要的制度安排，决定了是否能够以业主的利益最大化来使用物业费。

成为信托财产的业主共有基金具有三大特征：一是整体化运用，二是专业化运用，三是公开透明管理。整体化运用可以将个体的零散的业主资金归集为一体产生规模化效益；专业化运用可以获得专业绩效，而对业主的透明公开，则可以确保管理人忠诚，由此确保规模化效益、专业化效益都可以归属业主，实现业主的利益最大化。

以众筹买苹果为例，如果自己买苹果，1 个人花 10 元可以买到 1 个苹果，并且根据自己的谈判与挑选水平不同，会买到或大或小、或酸或甜的苹果。如果现在大家众筹一个买苹果的共有基金，请专业人士来负责采购，公开透明地为大家服务，假设有 1000 人参加，尽管每个人还是只出资 10 元，但基金规模可以有 10000 元。通过基金来采购，由于采购规模更大、专业人士的谈判和挑选水平更高，业主们不仅可以获得批发价，还可以挑选到高品质的苹果。结果在扣除给专业人士的工资之外，业主们还可以买到 2000 个优质苹果，即每个人可以得到 2 个优质苹果。比起每个人购买多得的那部分收益，就是资金众筹为基金后，每个人获得的规模效益与专业效益。

从分析过程我们可以看出，如果资金不归集为统一的基金而仍然分散在每个人手里，就没有规模效益与专业效益，但是如果专业人士对基金的运用不对出资人公开透明，那么专业人士就有可能不忠诚，甚至与卖苹果一方合谋，为了自己利益而侵犯大家利益。因此，要想获得规模效益与专业效益，设立基金与公开透明这两者都是缺一不可的。

现实中普遍存在的业主与物业管理人的关系，不管包干制或酬金制，物业费并没有归集为基金，而是由每个业主分别缴纳，虽然合拢到物业管理人也是一大笔资金，能够产生规模效益，但规模效益的多与少由物业管理人控制，物业管理人可以利用这笔规模资金为自己获利。同时，包干制与酬金制的公开度不足，即便有规模效益也是为物业管理人获利，与业主利益最大化背道而驰。部分小区有业主委员会参与管理，但由于物业费是业主共有财产的属性没有建立，极容易产生业主委员会委员的利益最大化的情况发生。

2020 年 3 月 1 日施行的《深圳经济特区物业管理条例》中明确规定，业主共有资金包括物业管理费，对资金的账户与使用条件有了具体规定。存放共有资金的数据银行，在共有资金保管上具有了类似信托受托人的公开职能。在业主对共有资金的知情权的设定上，接近承认个体业主具有类似信托受益人的共益权。《深圳经济特区物业管理条例》第七十条规定："业主共有资金包括：（一）共有物业收益；（二）物业专项维修资金；（三）物业服务费；（四）业主依据管理规约或者业主大会决定分摊的费用；（五）其他合法收入。"第七十二条规定："业主大会可以在数据共享银行开设业主共有资金基本账户，也可以继续使用物业服务企业在数据共享银行开设的业主共有资金共管账户。业主共有资金开户账户单位应当按照国家有关规定建立健全财务管理制度，保证资金安全，并通过物业服务信息平台，向全体业主实时公开业主共有资金基本账户或者共管账户信息。"

2019 年 9 月 1 日施行的《陕西省物业服务收费管理办法》在国内第一次明确个体业主对共有资金享有知情权与监督权，第二十六条第二款规定："业主有权查阅、抄录或者复制所有归属全体业主收益的相关财务资料，物业服务企业应当提供便利。鼓励物业服务企业向全体业主公开物业服务费和停车服务费收入以及成本费用（构成）支出明细。”

综上所述，物业费是业主们的共有基金还是个体业主的资金或债务，其资金属性极大影响物业管理人对业主的忠诚度，因此也就决定着业主的利益最大化能否确保。

（二）三级透明实现信息对称

公开透明就是信息对称，小区物业管理人与业主之间容易出现信息不对称的情况，使得物业管理人容易侵占业主利益。信托制对物业管理人施加信义义务，同时赋予个体业主共益知情权，信息不对称得到有效控制，小区管理呈现公开透明的状态，大幅降低业主的监督成本，物业管理人的不良行为得到有效遏制，小区关系走向和谐。

“信托制”物业服务可实现三级透明。

第一级透明是业主与物业管理人之间的透明，信托制将知情权与监督权充分赋予每个业主。每个业主都有小区对公账户的查询密码，可以随时查询账户内业主共有基金的流水情况。每个业主都有权查阅、抄录或复制共有基金的财务信息，可以具体到每一张财务凭证。每个业主对物业服务工作的标准、流程与记录，特别是采购管理与合同管理等重要支出环节都有知情权。每个业主都有权了解本小区一切共有资源的分配情况，比如每个车位的归属。每个业主都有质询权，要求物业管理人就业主基金的管理情况作出说明。每个业主都有权要求物业管理人基于业主利益最大化为目标调整管理方法。物业管理人如果不能很好应对质询或调整要求，业主可以将情况告知业委会或发布到业主群。如果项目经理人的忠诚受到质疑，将直接影响其去留。个体业主有权基于合同的约定就物业服务企业的违约行为提起诉讼。对于帮助小区获得利益的维权业主，业主大会将分摊他们的维权费用，使得他们的付出得到全体业主的积极回报，有利于提高个体业主维护小区公平正义的积极性，大幅降低了业主与物业管理人之间的物业纠纷。

第二级透明是业主与业主之间的透明，有助于业主克服彼此之间的利益冲突连接成为命运共同体。“信托制”下的小区业主不再是被物业管理人或业委会隔离开的孤立个体，不再将自己的利益看作与其他业主无关而各行其是。在包干制下，个别业主无故不缴费直接侵犯的是物业管理人利益，并不直接侵犯其他业主利益，因为物业服务所需的资金风险是由物业管理人承担，业主并不承担。因此，包干制下某业主是否缴费与其他业主无关，其他业主也不关心某业主是否缴费。而在“信托制”下，业主要首先将物业费归集到业主共有基金里，如果某个业主不缴费，就会直接造成基金总额下降。物业管理人按照所缴基金提供服务，基金少服务也跟着下降，不缴费直接损害的是全体业主的利益。因此，“信托制”下的业主之间利益高度一致，建立起小区生活共同体关系。物业服务透明化使得业主之间变得相互知情。每个业主都可以知晓其他任何一个业主的义务履行情况。于是，业主并非只监督了物业管理人，更通过物业管理人进行相互监督。业主之间的相互监督开始发生效力，相互合作的文化就会开始形成。

第三级透明是小区与外部主体之间的透明。信托具有信托监察人制度，信托监察人有权以自己的名义为维护业主利益提起诉讼或者实施其他法律行为，不必再召开业主大会来获得授权，这大大简便了维权程序。小区所在社区党组织成员、居民委员会成员，律师、会计师等均可作为监察人，如业主一样充分知情小区事务，在纠纷调处上，有助于正确发挥公权力的作用，使得小区内在的公平正义追求与外界环境更好结合，小区善治有了更好的生态环境。

（三）信义为界化解利益冲突

当前，小区物业服务中最主要的利益冲突是物业管理人自身与小区业主之间的利益冲突。业主聘请物业管理人，是为了实现自己的利益最大化，但物业管理人则要为股东实现企业利益最大化，由此构成利益冲突。信托制明确业主与物业管理人的利益边界与行为方向从而定纷止争，业主基于信任，以事先约定的方式、按照市场公允的价格给予物业管理人有尊严的酬金与利润，对于扣除利润、酬金后的其余资金，基于信义义务，“信托制”明确以业主利益最大化为唯一方向，物业管理人要全心全意为业主利益最大化去运用信托资金。就如同公司聘请职业经理人，给予其薪酬与激励，而职业经理人在取得薪酬与激励后，要全心全意为公司利益最大化服务，而不是为自己利益最大化服务。“信托制”明确了物业管理人要以业主的利益最大化为目标，就像我们通常所说的，职业经理人要为股东利益最大化服务一样。

但仅仅设置了利益边界还不够，还要对两方限权，使得各方在越过边界后难以获利。包干制与酬金制虽然也有业主利益与物业管理人利益的边界划分，但这两种制度都会促使物业管理人利用业主弱势而侵犯业主权利。因为这两种制度均没有像信托制那样要求物业管理人必须对业主履行信义义务，更没有赋予业主们对物业管理人的不忠诚行为具有发现、警告乃至终止的便利权利。下面通过包干制、酬金制与信托制的物业管理人在收支管理上的差异来说明商人身份的物业管理人与忠诚管家的不同，以此来体会信义义务的重要性。

从物业管理人的角度来看，由于包干制是由物业管理人承担资金风险，盈余或者亏损均由物业管理人享有或者承担，故包干制的商业模式叫作“节约利己”。比如，物业管理人收到100万元物业费，如果物业管理人通过各种节约只需要花掉80万元就完成了约定的服务，剩下的20万元就属于物业管理人获利。

相反，由于酬金制是由业主们承担资金风险，故酬金制的商业模式就可以叫作“多花利己”。比如，业主共同支付给物业管理人扣除酬金后的100万元资金，物业管理人报告业主花超到150万元，实际只花到120万元，但业主需要再归还物业管理人50万元，业主多付出的30万元就成为物业管理人除了酬金之外的额外获利。此外，酬金制下，物业管理权表面上放在业主委员会手里，但业主委员会并不专业，结果物业管理人就可以放弃责任担当，将重大管理风险推诿给业主委员会，在责任压力下必然会造成业主的资金被大幅花掉。

作为对比，由于“信托制”下物业管理人除了要承担资金风险，更要承担以上两种制度不具备的信义风险，因此物业管理人要时时刻刻注意经营好自己对业主的忠诚信义，只有在不断持续的利他过程中，在实现业主利益最大化的前提下，才能获得业主的信任，从而维系长期稳定的合作，并逐年取得公开的、有尊严的收入。因此“信托制”的商业模式就是“利他利己”。比如，业主给物业管理人扣除报酬后的100万元基金，物业管理人就以业主利益最大化为目标，用心花好这100万元。物业管理人应尽量不要多花钱，不应像酬金制那样设法让业主负债。如果从忠诚角度判断需要超花，那么物业管理人就要设法担当，并向业主清楚说明获取资金的方案。如果方案中存在侵占业主利益的行为，物业管理人要自行承担违反信义义务的法律后果。如果业主基金产生了结余，结余依旧归属业主基金，而不是像包干制归属物业管理人。

小区物业服务客观上存在市场失灵的特点，要选择信义之约，才有可能在小区内建立业主与物业管理人的合作关系。

（四）三大支柱保障平稳服务

在包干制与酬金制的合同机制下，业主大会成为合同的甲方，业主委员会作为业主大会的执行机构，通过合同维护业主权益。但事实上，很多小区业主大会与业主委员会难以持续运转，造成合同机制因为业主大会失灵、监督失效，最终使得合同无法保障甲乙方的平等合作。尽管部分热心公益的业主，成为业委会委员，希望在自己的努力下，将业主大会有效地平稳地运转下去。但是，小区事务琐碎繁杂，需要付出大量时间和精力，却常常不被业主们理解，使得具有公益心的委员很难坚持下去，这使得业委会的治理难度较大。由于业委会委员是由业主选举产生，其更迭往往容易引发业主派别之争，如果赋予业委会的权力过大，一旦委员之间发生纷争，则极易连带引起小区业主之间的动荡，导致业委会行权困难，小区物业服务水平的下降。因此要客观看待业主委员会与业主大会的作用，进行必要的隔离与限权，并要建立容错机制，避免业委会、业主大会的不稳定，影响物业服务的日常运转。

“信托制”是信义之约，天然具备分权限权产生合作的治理优势，“信托制”物业服务的三大制度支柱是受益人的监督权利、受托人的信义义务、监察人的监督定位。三大支柱隔离并容错业主委员会的运行风险，填补业主大会失灵的不足。

第一，通过施加法定信义义务的“紧箍咒”于物业管理人，使其必须做到忠诚勤勉、公开透明，主动为业主居民利益最大化服务，从机制上消除了业主对物业管理人的质疑，使业主共有基金的缴纳更为顺利，由此夯实了信任基础。第二，赋予物业管理人充分的管理权，要求其担当风险，发挥其专业担当的优势，很好地隔离了业委会内部纷争、业主派系斗争对小区日常管理的冲击，维持小区稳定。第三，通过信托受益人的共益权，还知情权、监督权于每个业主，而不是仅仅由业主委员代替业主行使监督权，不仅避免了业主大会失能、业委会失序造成的监督真空，更大幅提高了监督效率，相较于业主委员会垄断监督权更为有效。第四，通过将小区所在社区党组织成员、居民委员会成员，律师、会计师等纳入信托监察人，促使基层党委政府、社区居委会等更容易居中协调业主与物业管理人之间的争议，丰富了矛盾调解的制度供给。

（五）永恒管家促进行业发展

“信托制”是物业服务的新思维，为行业的发展带来新机遇。当物业管理人全面回归忠诚管家角色后，不仅可以摆脱眼前困境，降低行业运转障碍，减少公共资源浪费，也可获得战略发展。

“信托制”可以帮助三类小区物业管理人走出困境：一是濒临亏损的项目，当下获利已经很薄，且连续几年处于下滑趋势，信托制可以给到稳定的长期收益。据了解，以成都的小区为例，规模较大的可以有6%—10%的酬金，规模较小的有15%的酬金，虽非暴利但是细水长流。二是鸡肋型项目，在当前服务水准与物业费标准下，物业管理人虽有收益但收益不多。建筑物老化，需要更多维修服务，同时面临更大风险。业主不具备物业管理常识，同时对物业管理人的信任不足以支撑合理涨价，如果采用信托制，重建信任关系，重新得到业主的认可而合理上调物业费，从而可以维持稳定收益的可能。三是遭遇不公正对待的项目，物业管理人因不愿进行利益输送而面临被更换的情况，与其依附业委会，不如公开透明地服务全体业主。着眼于长期利益，物业管理人往往愿意单方面承担起信托受托人的信义义务。

传统的商业模型假设，可以通过小区项目的数量增加、合同期限延长、单个项目的收益增长这三个指标的共同增长来获得更大利润，但是，这三个指标彼此存在矛盾，项目收益不断增长往往会促使业主们提前终止合同，于是项目数量减少与合同期限缩短，其结果难以达到预定目标。信托制提供了一种新的商业思路，将矛盾的指标隔离，使得发展空间不再受限，尽管项目收益从表面上看有所降低，但服务业主利益最大化，因此获得认可，成为小区永恒的管家，延长了合同期限，同时良好的信誉还助益获得更多项目，三个指标的乘积远超传统的商业模式。“信托制”实现了股东利益与业主利益最大化的共赢。

目前，新旧物业管理人的交接是行业运转的重要阻滞，小区债权债务的核对是交接中的主要难点。在“信托制”下，物业管理人的股东收益通过酬金隔离，业主基金的收支公开，物业服务工作记录公开，设施设备保养记录便利可查，大幅降低了收支核对的难度，交接双方容易就资产状态与维护义务达成一致，缓解物业服务交接矛盾。

对于行业主管部门而言，推动“信托制”可以提升行业集中度，降低行业运行成本。项目价值在服务质量公开、报酬公开的机制下更易于衡量，为中小型物业服务企业提供了有增益的退出机制，带动整个行业的可持续发展。

对于地方政府而言，推动“信托制”可以避免物业服务纠纷大量出现而浪费公共资源的情形，可以借助智慧社区、区块链、大数据、数据银行等新型技术，使得原先封闭的每个小区的物业服务资金与各种数据可以汇集到政府大数据平台，使得资金与数据在平台上归集、流转、保存、分类、管理，真正实现小区的公开透明。

五、“信托制”物业服务的构成要件

（一）业主共有基金信托

基金是大家为了某个确定目的而共同筹集的资金，资金池为大家共有，则为共有基金。业主通过业主大会会议表决，按月或按年众筹的一笔资金（物业费）归集到一个业主共有的资金池，并且将小区的公共收益也归集到这个资金池，这样专用的共有资金池就叫作业主共有基金。该基金用于小区建筑物及配套的设施设备和相关场地进行维修、养护、管理，维护小区内的环境卫生和相关秩序，业主共有基金是全体业主的共有财产，业主对共有基金负有交纳的义务和监督的权利，业主将业主共有基金设立为信托财产，以信托方式来管理，就是业主共有基金信托，包含了上述信托的物业服务的模式称为“信托制”物业。

业主可直接选择专业的物业管理人为业主共有基金的信托受托人，统筹管理使用这笔基金，业主共有基金存放在一个独立开设的账户中即小区对公账户，物业管理人要公开透明地使用，每个业主作为受益人依法都有查阅、抄录或复制该信托管理的一切相关信息的权利。除开物业费与公共收益，业主可以设立信托的财产种类很多，例如将专项维修资金回转后设立为信托、将小区业主共有的建筑物设立为信托、将小区共有车位设立为信托、将小区整个共有部分的财产权设立为信托。

有人将“信托制”物业服务只理解为金融信托，认为需要信托公司或者基金公司作为“信托制”物业服务的第三方。实际上，业主共有基金信托的主要目的不是通过金融运作使其保值增值，而是为了满足业主维护小区建筑物质量、维持小区秩序等资金需要，是用来为小区业主提供物业服务的基金，不是投资行为，所以不需要第三方信托公司介入。

通常所说的“一房两代人”，就是强调物业服务是在维系业主的财富。从这个角度而言，物业费并不只是每户业主给付物业服务企业的金钱，而是对小区命运共同体承担的长期义务。

（二）“信托制”合同范本

实行“信托制”物业服务，须签订“信托制”物业服务合同文本，其目的和意义在于：一是从治理的角度出发选择为众人管理财产的方法，维系业主与物业管理人之间的稳定、良好的治理机制。二是满足社区发展治理的需要，通过合同这种方式来实现设立信托，再造物业管理各方的信义精神。三是摆脱普遍基层治理中的“组织的迷思”，回归业主与物业管理人的本原关系，通过提高物业管理人的信义义务，提高个体业主知情、监督、诉讼等共益权利，将小区人多的特点转化为治理优势，重塑业主与物业管理人在小区治理场景下的稳定形态。

在实践中，信托作为信义再造的制度范式，有着巨大的需求空间，“信托制”物业服务合同范本是其重要载体，具体内容参考附件。

（三）小区对公账户

小区对公账户用于存放业主共有基金，主要有三种方式：一是业主大会（或院落居民自治组织）具名的银行对公账户；二是物业管理人为小区单独开设的银行账户；三是开立业委会账户并将其按照小区对公账户来使用。

在“信托制”下，小区所有对公账户对每个业主都公开透明，实现方式为“双密码账户”，一个是账户的支取密码，另一个是账户流水的查询密码，在开设小区对公账户前，需要询问开户银行是否提供该项服务。小区将查询密码向每个业主公开，实现每个业主对银行账户的知情权，同时信托物业管理人主动向业主提供账户的查询方式并进行相关培训，业主则可以随时上网查看小区该账户中资金使用的情况，包括账户余额与明细等，并可下载账单，用以质询物业管理人工作的合规性与合理性。随着区块链技术的推广，小区物业账户查询将更加方便快捷。

（四）开放式预算

开放式预算是在小区物业服务活动中，业主、业委会、中立保证人和物业管理人等多方共同参与制定资金预算的过程与成果。信托制下，小区资金的使用计划不再是物业管理人的商业秘密，而是业主对物业管理人保持信任的依据。开放式预算一般由物业管理人负责编制，业主委员会组织业主、专家以及中立保证人进行广泛的讨论。第一次预算涉及每位业主须交纳的物业费金额，需要提交业主大会表决通过；在小区管理过程中，如确需提高物业费交纳金额，物业管理人仅需针对具体情况做细微调整，向全体业主公示，物业管理人在接受业主建议并对预算进行修订后，交由业委会审批即可。开放式预算可以让每个业主清楚了解到资金的用途和实际发生额，通过预算理性分析物业费、服务标准与业主需要之间的匹配，让物业管理人摆脱服务质量是否达标只靠业主主观判断的困扰，由此减少无谓的质疑与冲突。

在“信托制”下，业主共有基金将按照业主利益最大化的要求进行安排使用，因此，物业管理人非常欢迎业主们参与预算制定，可以了解业主对资金分配的看法，降低业主与物业管理人之间的纠纷，对小区信义关系的巩固大有裨益。与此同时，开放式预算使得小区内各种隐性的收入流失与成本增加都能进入业主的视野。物业费的结余，物业管理人追讨回的欠费都归属全体业主所有，这将极大降低小区内“搭便车”现象的出现，为具有专业特长的业主参与小区治理提供了渠道，由此增强邻里互信，提升小区温度。

（五）开放式服务等级标准与质量管理体系

在小区矛盾纠纷中，质疑物业管理人提供服务是否质价相符占比较大。物业服务是过程服务，具有按照服务频次持续提供标准化的操作内容的特征，环境因素或人为因素都会影响服务成果，物业管理人需要不断提供过程服务来消除影响结果，过程服务力度越大，影响结果越小，业主服务感受度越好。显而易见的是服务频次越高，操作内容越精细，服务总量越大，服务成本越高，业主基金支出越快。因此，物业服务水平的决定性因素就在于服务频次与操作内容。

服务等级标准是用以规范物业服务频次与操作内容的等级标准，如四川省《住宅物业服务等级划分》就属于区域性的地方标准。标准只是一个重要的参考，每个小区到底采用其中的哪些服务项目，要结合小区的实际需要和资金总额，由物业管理人拟订并公开，最终由业主委员会或业主大会来决定。透过服务等级标准，业主可以更好地发现物业管理人的核心价值。长期以来，业主对物业管理人的认识停留在表面可见的清洁与安保等内容，而忽视了设备房、地下室中的业主共有财产的日常维修养护管理，这些共有财产包括房屋结构、建筑部件、空调系统、二次供水设备、排水系统、照明和电气设备、安全防范系统、电梯、水景、消防设施设备等。在传统物业服务模式下，业主很难了解到这些维修养护过程是否真正完成，导致这部分资金结余成为物业管理人的利润，据粗略估算，随着建筑物老化，设备设施维修养护的工作量应占小区物业服务的50%以上，如不进行有效维护，最终将造成房屋使用寿命变短和价值的贬损，这对业主们来说是最大的隐性损失和浪费。

在确定服务等级标准后，物业管理人要为本小区制定一整套的质量管理体系，用于规范和记录员工的具体行为，使得服务等级标准得以保质保量的实现。建议小区的质量管理体系应通过ISO9001认证，或采用ISO9001的标准撰写，实现各项管理服务的过程控制和痕迹管理。通过建立一套规范系统的质量保证体系，对整个服务流程进行科学有效的控制，增强物业管理人的管理水平和专业技能，提升其服务意识和服务质量，切实保护业主的根本利益。

当前，小区物业服务存在机制错配，服务频次、操作标准、工作计划、资金预算、质量管理体系等都作为商业机密，业主并不知晓物业服务成本，降低了物业管理人对业主的忠诚信义，导致矛盾纠纷不断，极大地消耗了行政与司法资源。如果将服务等级标准、质量管理体系与开放式预算向业主公开，可以避免业主只采取的主观感受的评价方式，从而对物业服务成本有一个理性判断，对于纠纷化解大有助益。

六、导入“信托制”的路径、方法

“信托制”导入的过程就是信义再造的过程，具体是指通过小区营造的方式，促进业主、物业管理人与其他各相关主体理解并自愿建立信义关系，推动业主大会决定采用“信托制”，并将信托要件纳入小区物业服务，由此将信义关系普及整个小区。导入“信托制”的步骤如下。

（一）党组织引导发动

“问题小区”是矛盾纠纷最多的地方，也是居民群众最不满意的地方。街道社区党组织要始终坚持问题导向和人民至上意识，把“信托制”物业服务模式作为解决物业矛盾纠纷的利器，首先向“问题小区”开刀。要深入小区了解实际情况，掌握具体问题，分析问题根源，特别是要从小区党组织、党员、离退休老同志、居民骨干中了解情况，依靠他们推动工作。

社区党组织牵头，在小区广泛深入开展“找党员、亮身份、做表率”活动，引导和鼓励小区内的流动党员、退休党员把党员身份亮出来，符合条件的要把组织关系转入社区或小区党组织。大力推动符合条件的小区组建党组织，选好党组织书记，积极推行小区党组织与业主委员会双向培养、双向进入制度，提高业主委员会委员中党员比例。鼓励物业公司成立党组织，或将公司项目部党员纳入小区党支部，形成联动党组织体系。对在职党员，可以通过“双报到”、纳入小区党组织统筹管理等方式，引导他们在小区公共事务中积极发挥作用。

社区和小区党组织要加强党员教育管理，坚持“三会一课”制度，积极开展“信托制”物业模式宣讲，统一党员思想认识，确保小区党员在党组织领导下开展工作。组织党员采取摆龙门阵、上门走访、微信群发声引导等方式，做好小区居民的宣传发动工作。搭建党组织、业主委员会、物业服务机构、居民代表等议事协商平台，通过小区微信群、院落坝坝会、居民议事会等方式向小区居民进行宣讲，就导入“信托制”形成共识，为下一步通过业主大会表决奠定群众基础。

同时，在“信托制”物业服务模式的宣传、推动、导入、运行、监督等全过程中，社区小区党组织、党员要始终站在前列，既要正向引导，又要注意发现存在的苗头性、倾向性问题偏差，避免在工作出现方向性错误。要始终把好“信托制”物业的发展方向关，牵头对业主委员会委员人选、拟竞聘的物业公司把好资格审查关，把好“信托制”物业合同谈判、业委会换届、新老物业交接等重点环节，加强对业主委员会、物业公司履职的监督，确保“信托制”物业始终在党的领导和监督下开展工作。

（二）小区状况调研

我们可以把小区视为一个生命体，这个生命体的细胞是每一位居民，细胞连接成的器官组织就是小区里各类居民自组织。小区的活力来自众多自组织自发有序合作，缺乏自组织的小区常常陷入失能、瘫痪状态，小区调研就类似医生对病人的诊断，调研的核心工作，不仅要了解目标小区的病灶（冲突细节），更要评估小区的既往病史、当下病症、关键原因、免疫力情况，分析出使小区重获健康的治疗方案。

一要了解经济收入状况。包括物业费定价、总额、缴费率、物业费调整等情况，同时重点关注公共收益。公共收益是小区内最重要的共有资源，公共收益是否得到有效利用、是否存在流失、定价是否恰当等都对物业服务影响很大，例如车位、会所等收入流向，临时停车费是否以现金收取，广告签署、房屋租赁等是否符合市场价格等。

二要了解建筑物状况。小区入住时间、保修期限等，这涉及是否存在设备设施老化需要更新而增加相应资金，特别是日常维护不足的小区，要详细询问物业管理人与业委会，未来5年内小区里有哪些重要维修与更新项目，是否需要动用专项维修资金，以及资金规模等。

三要了解小区的活力状况。最为重要的是小区是否建立党组织，党员人数、社区党组织与小区党组织与居民自组织之间的互动关系，这是小区治理的基石。其次了解小区业主是否建立微信群，微信群活跃程度以及参与人数，小区是否召开过业主大会，是否发生过邻避运动，小区议事会运行是否正常，是否有社区社会组织开展服务，小区内有无意见领袖以及意见领袖的个性特点等。

四要了解小区的规则状况。小区管理规约、业主大会议事规则、业委会工作规程、物业服务合同内容以及这些规则发挥作用的情况，业主是否遵守规约，物业管理人履职程度，业主与物业管理人关系状况，居民对现状的满意度等。

五要了解小区的治理状况。包括小区权威中心的构成，包括哪几类组织，权力如何分配，资金账户谁来管理，如何管理，公开程度如何，小区有几届业委会，更替情况等。

通过对小区状况的调研，厘清小区发展脉络，评估业主与业主、业主与物业管理人之间的关系，判断病因，根据小区的健康状况，对症施策。

（三）小区分类筛选

依据业主与物业管理人的合作状态，可将小区划分为四类。第一类小区物业费定价合理，业主缴费积极，物业服务尽心，业主与物业管理人之间处于合作的状态。第二类小区业主缴费不积极，但物业管理人还有可运营财产，有意愿有能力补充资金维护服务水平，此类小区较为少见。第三类小区业主们按时缴费，但是物业管理人未提供质价相符的服务，此类小区较为普遍。第四类小区业主们缴费情况不理想，物业管理人也未提供合同约定的服务，双方矛盾冲突较大，持续时间较长，属于“问题型”小区。

对于第一类小区，要发现是否存在潜在隐患，维持小区现状，但保持关注。对于第二类和第三类小区，如果业主、物业管理人能提前意识到小区的治理风险，则可以协助其导入信托，但不必勉强。第四类小区已处于混乱失序状况，需要通过导入信托解决物业矛盾纠纷。

（四）小区支点动员

社区两委、小区党员、建设单位、物业管理人、业主等都可以成为信托导入的积极力量。当前许多小区都已成立了业委会，如果能动员其接受信托理念，使其成为信托导入的支点，则将事半功倍。动员业委会导入信托的关键在于，业主委员会要充分认识“信托制”的分权方式和制度优势，提升其财产认知，催化其公益心。

通常业主的财产意识提升分为两个阶段。第一阶段，业主认识到公共收益是业主们的共有财产，将公共收益从物业管理人手中拿回并交由业委会自行管理。但由于财产属性不清容易出现“暗箱”，造成业委会内部分歧，面临业主质疑而使得业委会信用崩塌。第二阶段，业主进一步认识到物业费也是共有财产，是通过众筹的方式形成的物业基金，但业委会自行管理物业费的难度更高，此时，通过信托物业受益权与管理权分离，将监督权落实到每个业主的分权合作优势就会显现。

在没有利益输送的情况下，替业主监督物业服务是一项吃力不讨好的工作，不论业委会委员做得多好，总会面临业主的批评。因此，基于理性选择具有公益心的业委会委员，都不愿垄断业主的知情权和监督权，都希望还权于每个业主。业委会的重心应转向机制建设，倡导业主和物业管理人采纳“信托制”度。

（五）业主大会筹备

信义关系的建立就是信义之约的缔结过程，从业主大会的筹备召开到管理规约的修改以及议事规则的制定，从信托合同谈判到小区预算编制，都是各方主体不断夯实信义根基的重要节点，抓住这些关键节点，运用有效办法不断促进居民之间的信任。业主大会筹备组的连接模式往往决定小区未来的物业管理权的运用模式，也是小区的治理模式。因此，业主大会筹备组是非常重要的构建群体信义关系的“支点”。筹备组的议事规则是小区第一份基于信义关系构建的公约。通常筹备组有两种：一种是业主依照自治规则产生的筹备组，以自治为特征；另一种是小区自治失灵后，由街道办依法组织产生的筹备组，以共治为特征。二者之间差异如下（见表2）。

表 2　两种筹备组议事规则的差异参考

议事规则条款	限权版本	平权版本
组长权能	召集和主持筹备组会议	召集和主持筹备组会议
	有条件的一票否决权	有一票或没有表决权
透明公开	保证所有筹备组成员知情	
	业主有权查阅、抄录或复制筹备组所有文件，筹备组应提供便利	
决议生效条件	具有表决权的过半数成员同意；且组长在收到决议之时 48 小时内未作出否决决议的，筹备组决议生效	具有表决权的过半数成员同意

（六）开放式路演

开放式路演是向全体业主居民公开，在业主居民自愿参与的前提下，运用竞争性谈判的方法来筛选物业管理人的选聘方式，这避免了单纯以物业费报价高低来选择物业管理人，可以减少“暗箱”操作，维护业主利益最大化。对同一个小区而言，服务等级标准、物业费总额、管理人管理水平是衡量小区物业服务效果的重要因素。其中，服务等级标准高低、物业费总额这两个因素取决于小区业主的共同需要，可以通过业主调研而获知，因此物业管理人的选聘重点在于比较物业管理人的管理水平。开放式路演采取固定招标价、固定服务合同的方式，使竞聘物业管理人在业主面前全面展示自身的管理水平，业主通过竞聘者提供的预算方案来进行比较，参选竞聘的物业管理人需要事先承诺采取“信托制”物业模式方能获得路演资格，业主考察物业服务水平可聚焦在企业信誉、酬金比率、服务内容及标准、资金安排的合理性、拟派驻小区项目经理的能力、小区问题的解决方案等几个维度，有利于业主选出合适的物业管理人。

由业主委员会或筹备组来组织的公开路演步骤如下。

1. 公告招募物业管理人

组织者通过小区公告、张贴海报、媒体发布等形式，面向社会公开招募“信托制”物业管理人，同时明确对竞聘者的要求，可邀请各业主推荐自己较为认可的物业管理人。

2. 产生合格物业管理人清单

组织者根据选聘要求的条件和数量，在全体报名者中，通过热心业主公开投票的方式，筛选出合格的物业管理人，建立清单，组织者向全体业主书面公示全部清单和资料。

3. 组织答疑

邀请所有合格物业管理人代表参加，就“信托制”和其他选聘条件回应组织方、社区以及外部专家提出的问题，答疑活动应开放式地让热心业主、居民旁听，以便让他们了解物业管理人的水平和态度。热心业主、居民也可向物业管理人代表提出问题。

4. 缴纳履约保证金

组织者书面通知各竞聘物业管理人交付参加小区路演的履约保证金，同时提交“信托制”物业承诺书，以表明对合同文本的认可。未缴纳保证金和不提供承诺书的竞聘单位视为自动放弃路演资格，这一阶段完成后，组织者应在小区内再次公告入围名单。

5. 路演比选

组织者提前安排时间，在广泛通知业主参加的前提下，参与竞聘的物业管理人到小区进行现场比选，任何业主均有权参加评选，组织者要做好会议场地的安排和秩序维护工作。到场的物业管理人逐一进行演讲，并回答到场业主与居民们的提问。所有单位的路演结束后，由到场业主评委按“一户一票”的方式进行差额投票，产生通过比选的物业管理及其排名。

6. 业主大会决定

组织者将比选产生的第一名物业管理人与合同文本一并提交业主大会表决。如果表决结果未达到双过半，则组织者可以依次向业主大会提交其余入围的物业管理人进行表决或终止选聘工作。如业主大会表决结果达到双过半，则选聘成功。在信托物业合同生效的同时，竞聘机构提出的年度工作计划、标准和资金预算以及酬金比例等条件也同时生效。

将信义关系植入物业服务　制度化建构社会信任

江　维①

习近平总书记反复强调："基层就是社会的细胞，是构建和谐社会的基础。"社会治理的重心必须落到城乡社区。社区服务和管理能力强了，社会治理的基础就实了。

小区是社区的基础单元，也是我们日常生活的场所。尽管小区物业服务与每一个家庭的生活息息相关，但业主与物业的矛盾由来已久。中国消费者协会2019年对全国36个城市的148个住宅小区和4320个消费者（业主）的满意度调查显示：住宅小区物业服务综合满意度得分为62.59分（满分100分），仅处于及格水平；超过三分之一的住宅小区物业服务满意度"不及格"。因此，社区治理的重心必须向小区下移，补齐物业服务这个短板，夯实和谐社会的基础。

习近平总书记指出："加强和创新社会治理，关键在体制创新。"党的十八大以来，我国社会领域取得的成就与进步，最根本的就是紧紧牵住了体制机制改革创新这个"牛鼻子"。在小区物业服务领域，最重要的是开启制度化创新的物业服务供给侧改革。成都市武侯区委社治委开全国之先河，率先在辖区内开启"信托制"物业服务的试点探索，为物业服务提供新的制度选择。

在历经头脑风暴闭门会议（2018年10月）、"信托制"物业服务可行性论证会议（2019年3月）、社区基金会立项开启试点（2019年5月）、成

① 江维：成都市委社治委副主任。

功导入7个小区“信托制”物业服务实践等一系列里程碑事件之后，为长远计，为实践计，为广泛推动计，由成都市武侯社区发展基金会特聘专家陈剑军老师倾力撰写、特聘专家舒可心老师提供了专业修订意见、项目官员李济舟撰写的武侯案例进入了整体编辑阶段。项目团队通力协作形成了《武侯区党建引领小区发展治理“信托制”物业服务指南》（以下简称《指南》），旨在为成都、其他地区拟进行“信托制”物业服务制度改革的小区提供全套成体系、可操作、能指引的行动指南。

《指南》由信托释义、“信托制”物业服务的实质、“信托制”物业服务与社区营造、“信托制”物业服务的特点差异和优势、“信托制”物业服务的构成要件、如何导入“信托制”（路径、方法及案例）、“信托制”物业服务问答和附件七部分组成。其中理论内容在第一至第三部分，实操内容在第四至第七部分。

理论部分从信托的核心要义——信义关系入手，以利他为魂、笔淡言清、高屋建瓴地将信义关系与科层关系、市场关系区别开，为小区、社区与社会治理指明了政策应当着力的方向。

《指南》第一次实事求是地揭示了小区物业服务场景中业主与物业管理人之间存在的“弱-强”合作（从组织效能的强弱而言，业主人数虽众但因为业主大会常常失灵因而其实是散的弱的，而物业管理人作为经济主体则是强的），而不是“幻想”的一般意义的市场主体的“强-强”合作。因此如果简单适配“强-强”合作的买卖关系则会导致关系错配，如果急躁冒进创造各种组织以为能助力弱者变强则陷入组织的迷思。物业服务领域矛盾频发背后的原因正是唯市场论与关系错配的结果。解决问题的办法其实很简单，就是需要在业主与物业管理人之间重新植入“弱-强”合作中应当建立的信义关系，也就是信义再造：业主要信任物业管理人，尽到及时归集物业费的义务；物业管理人要忠诚于业主，以业主利益最大化为宗旨提供物业服务；双方在信托法律框架下自愿签订约束各方达到信义的信义契约——信托合同——使物业服务场景中的各方在信义框架之下各归其位、各尽其责、合作共治。

《指南》廓清了小区业主的身份。业主不仅仅是建筑物共有部分的主人，不仅仅是公共收益的主人，更是全部物业费的主人。业主不仅仅是物业服务的消费者，更是物业服务的共同投资者。业主缴纳的物业费不再仅仅被视作个体的消费支出，而是被视作维系建筑物生命健康的全体业主的逐年的联合投资。物业费合并小区公共收益则集合为业主共有基金，成为小区的共有财产纽带。所有业主经由这个共有财产纽带连接成为一个真正的命运共同体，而不是单独与物业管理人形成债权债务关系的分散的个体。

于是每个业主作为共同投资人在承担及时缴纳物业服务费的责任的同时，相比作为服务消费者，更大程度地享有查阅、抄录或复制小区的账目、服务标准、服务流程和服务记录等信息的知情权，享有参与选聘物业管理人作为比选评审人的权利，享有参与制定物业服务预算及物业服务标准等诸多权利。信托制把受益权以及监督权与诉权，实实在在还给每一个业主，使业主能够享受值得信任的物业服务。

《指南》为物业管理人指明了基于信义成为永恒管家的方向。忠诚信义的物业管理人提供忠诚勤勉的物业服务，不仅开设双密码账户实现物业服务财务透明公开，同时还公开服务标准、服务过程记录等文件，由此获得长期的、有尊严的事先约定的报酬。当“信托制”物业服务发展壮大起来，将逆转行业发展中劣币驱逐良币的不良趋势，使得忠诚信义、专业、勤勉的物业管理人可以获得更为广大的发展空间，全面提升物业服务行业的整体水平。

而业委会承担监督物业管理人履职的责任，由于完全公开透明不再被怀疑贪污舞弊，节省大量被业主质疑纠缠的精力，获得业主信任，能够理直气壮地开展业委会工作，丰富了人生价值。

“信托制”将业主与物业管理人之间被现有包干制与酬金制物业服务合同扭曲的关系“拨乱反正”回归信义关系之中，信义关系成为小区治理中物业服务的制度基础。

尤其有价值的一点是，“信托制”物业服务拥有开放的多元主体共治格局。除了上述业主、业委会、物业管理人作为主体之外，“信托制”为党委政府及社区监督小区良性运转提供了信托监察人渠道。信托监察人拥有与业主同样的知情权与监督权，这就为社区党组织、居委会、专业社会服务组织、律师事务所、会计师事务所等政治力量和社会力量有序介入小区共同治理提供了合法渠道。

《指南》还将社区营造作为小区改制为“信托制”物业服务模式的基础和前提，因为社区营造所营造的就是人际信任与网络。信托是建立在信任之上的制度，需要先营造人际信任，营造居民交往的网络以及自组织力量，建构小区的社会资本，在此基础上再导入信托这个基于信任的底层制度。两者相互促进、相互配合，从小区、社区出发实现提升整个社会的信任水平的长远目标。

《指南》第四至第七部分的内容是如何实操。包括辨析“信托制”物业服务与现行的包干制和酬金制的区别、特点与优势；包括“信托制”物业服务的构成要件，比如业主共有基金信托、“信托制”合同范本、小区对公账户、参与开放式预算、开放式服务等级标准与质量管理体系等；包括导入“信托制”的路径、方法与案例。总之，但凡认同“信托制”物业服务的公平正义理念、愿意尝试在小区改制为信托物业服务的任何一个组织，都可以在实操部分找到操作的流程、规范以及每一步骤可参考的范本，并且在不同的实践案例中得到场景应用启发。

信任是一种互动型社会关系，这种连接存在于日常生活的方方面面。社会信任体系的构建不仅可以节约有限的社会治理资源，更是规范社会运行体系与发展秩序的关键。利他价值观念的培养、社会交往中的诚实守信、强烈社会责任感的感召、公共精神的形塑，都是推动形成稳定、健全的社会秩序时不可或缺的重要动力，也是不可或缺的社会资本。社会信任水平以及共享价值观的重建，乃是一个长期的过程。在小区，建构社会信任最贴近的应用场景是每人每天都要面对的典型消费场景——物业服务，倘若在其中植入具有利他精神的信义关系，将传统物业服务机构转型为基于忠诚的物业服务社会企业，教育业主意识到每一种居住方式后面伴随的是一整套权利义务对应的公共生活方式，重塑制度上与自觉上的利益制衡，在社区、在小区，就有机会完成每一个业主作为现代公民的权利责任义务的教育过程。2020 年开年发生的这一场疫情，让所有人意识到信任和互助的重要意义，我们唯有在平时公共生活中与作为生命共同体的邻里建立互信互助的社会心态，才能够获得稳定社会秩序、集中力量打赢这场疫情防控阻击战的强大动力，才能够化解风险社会随处可见的社会危机，奠定韧性社会的基石。

建立在信义关系上的物业服务给我们提供了在日常生活中见证信任、训练信义的机会和可能。我们相信，一个美好的社会，一定是人与人之间相互信任的社会，这个社会的到来，需要我们所有人的共同努力。

“三治融合”视角下物业自治模式的形塑与发展
——以长沙市麓山明园小区自治物业为例

李焱林　沈材政　李静静　邓莲君①

摘要：社区物业治理是基层治理的重要内容，体现着国家治理基层逻辑的一般特征。不同主体参与、不同理念运营，物业服务会呈现出不同的发展模式。本文基于长沙市岳麓区麓山明园小区物业自治实践，以自治、法治、德治为研究视角，通过对麓山明园小区物业自治实践过程的系统梳理，总结归纳，探讨“党建引领多方共治”物业自治模式，以期为社区物业自治实践提供一定的借鉴参考。

关键词：三治融合；党建引领；多方共治；物业自治

“治国安邦，重在基层。”党的十九大报告明确提出，要“完善党委领导、政府负责、社会协同、公众参与、法治保障的社会治理体制”，“推动社会治理重心向基层下移”，“打造共建共治共享的社会治理格局”。[1]社区是社会的基本单元，管理、服务、资源的重心下移，最终要落实在社区。这就需要构建以社区为中心的治理平台和以社区为本位的治理体系，承接自上而下的管理与服务职能。同时结合传统与现实，既要坚持运用法律的强制力和道德的软约束化解社会矛盾、规范社会行为，更要培育公共精神，充分发挥基层群众自治的基础性作用，发展新时代的基层社会动员机制，进而打造以基层党支部为核心的多方参与的社区治理体系。在此过程中，

① 李焱林：湖南唯实公共服务评估中心主任。沈材政：长沙市岳麓区龙王港社区党总支书记。李静静：湖南大学马克思主义学院 2019 级硕士研究生。邓莲君，湖南唯实公共服务评估中心研究员。

业委会、物业与居民之间的关系是否处理妥善，直接影响着居民的幸福感、满足感与获得感，也直接影响着人民群众对美好生活向往目标的实现。因此，推进社区物业自治，探索社区党组织、居委会、业委会、物业公司、社区社会组织等多主体共治模式，发挥社区各治理主体协调共管的优势就成为近期和未来社区物业治理中必须考量和解决的问题。这对于实现共建共治共享的社会治理格局、推进基层治理体系和治理能力的现代化、增强人民群众的幸福感具有重要意义。

一、“三治融合”：社区物业自治研究的一种视角

“三治”是自治、法治和德治的简称，“三治融合”是自治、法治和德治结构和功能有机协同的治理体系。古代社会即有“三治”之说，通过自治（乡里）、法治（刑罚）和德治（宗法伦理）的结合使封建王朝“皇权不下县”便可控制基层社会。现代“三治融合”基层社会治理创新经验最初发源于浙江省桐乡市高桥街道越丰村，经过总结提炼首先在浙江省施行，后又逐渐向全国推广，最终被党的十九大报告采纳，由基层实践上升到顶层设计，成为新时代坚持和发展“枫桥经验”的精髓。由此，自治、法治、德治“三治融合”成为基层社会治理的基本遵循与有效经验，在党和政府的推动下在基层得到广泛应用。

从目前学界已有的研究来看，“三治融合”有其内在的生成逻辑，是在理论逻辑、历史逻辑、现实逻辑的三轮驱动下，形成的“以人民为中心”的治理新理念、新模式。一则，“三治融合”遵循着国家与社会关系的理论逻辑，是对马克思主义国家观的根本遵循，即通过将管理、资源与服务向基层社会下沉，逐渐实现国家权力向社会的复归，形成国家治理“放权”与社会治理“收权”的良性互动格局。二则，“三治融合”是在我国基层治理体制历史演进中逐渐形成的。我国基层治理经历了从“社会管控”到“社会管理”再到“社会治理”的演变，城市基层治理体制也经历了从单位体制到街道体制再到社区体制的转变，“三治融合”正顺应了党政领导下的注重社会力量等多主体参与的发展指向。三则，“三治融合”是对破解社会

治理难题、优化基层治理结构的现实回应。“自治为基、法治为本、德治为先”的“三治融合”治理体系在治理主体的多元化、治理理念的服务化、治理资源的集中化、治理规则的规范化、治理体系的系统化等诸多方面对基层社会治理结构进行了优化整合，有利于化解社会矛盾与纠纷，稳定社会秩序，释放社会发展活力。总体而言，“三治融合”治理体系有其内在的生成逻辑，既是遵循“以人民为中心”治理改革理念的生动体现，也是对“以人民为中心”理念的回归，即以满足人民对美好生活的向往为价值旨归。“以人民为中心”为价值本位的“三治融合”治理体系不仅鲜明体现出中国特色社会主义基层治理自我调整和自我完善的体制优势，而且在城乡社区治理的各层次和多领域有效保障民意、民心、民需、民利的实现，二者的综合作用使“三治融合”治理体系成为当前中国底蕴最为深厚的基层社会治理体制。[2]

2017 年，中共中央国、务院《关于加强和完善城乡社区治理的意见》提出，要“注重发挥基层群众性自治组织基础作用”，并明确指出“改进社区物业服务管理，着力补齐城乡社区治理短板”。[3]2021 年 4 月，《中共中央国务院关于加强基层治理体系和治理能力现代化建设的意见》进一步指出，要“建立起党组织统一领导、政府依法履责、各类组织积极协同、群众广泛参与，自治、法治、德治相结合的基层治理体系”。[4]这些文件的出台，既有很好的延续性，又从变化着的情况出发，为适应经济社会发展的情况，也为更多的治理经验、治理方法的出现提供了有力的政治保障与方向指南。在这一背景下，物业治理如何破题，如何更好地解决现存问题，如何更好地回应基层治理体系与治理能力现代化的要求，从而让物业治理作为一种治理方法在一些社区破冰，并在实践中显示较强的生命力，是我们工作的重要任务。本文基于“三治融合”视角，将社区物业治理放入基层社会治理体系与治理能力现代化的治理框架之中，以长沙市麓山明园小区为分析单位，通过探讨具体物业治理过程中不同主体的行为策略与微观实践经验，重点分析麓山明园小区如何在党建引领、多方共治治理理念下，探索出一条社区物业自治先行之路。

二、麓山明园小区物业自治实践的动态演变与形塑

习近平总书记指出："要完善共建共治共享的社会治理制度，实现政府治理同社会调节、居民自治良性互动，建设人人有责、人人尽责、人人享有的社会治理共同体。"[5]近年来，随着城市化进程的加快，人民群众对美好生活的需求不断提升，居民自治意识不断增强，传统的物业管理形式如包干制、酬金制和顾问制，都容易导致居民在物业管理中"失声"，出现挪用维修基金、巧取名目乱收费、侵吞公共收益、减少岗位人员等问题。为此，麓山明园小区以"党建引领、共建融合"为统领，以居民自治为抓手，以物业服务公司为载体，探索出了一条社区自治"物业先行"之路，形成了"党建引领、多方共治"的物业自治模式。具体而言，麓山明园小区自2013年启动物业自治实践以来，历经了初探期、发展期、优化期逐步深入的三个阶段，通过支、居两委，业、监两委，以及同心理事会召开五方共治会议决定成立物业公司，由居民代表决定物业服务内容和收费标准，使居民成为物业服务的参谋者、社区环境的守护者、治理实效的受益者。

（一）物业自治初探期：物业管理痛点毕露，物业自治初试锋芒

麓山明园小区成立于2002年，位于长沙市秀美的岳麓山下，东临西湖水上文化乐园，南接枫林路，西连望城坡开发区，北依咸嘉湖路，占地面积约0.17平方千米，可入住居民3200余户、10000余人，社区驻地金星中路187号。现已建成房屋50栋，入住2300余户、7000余人，是当地最早的一批经济适用房小区，曾被誉为"最美花园小区"。然而，不到10年时间，由于前期物业公司管理松散，小区基础设施年久失修，逐渐荒废，偷盗事件也时有发生。这大大影响了居民的获得感、幸福感、安全感。"原来一下雨就到处积水，晚上出门更是黑漆漆，整个小区没几盏灯。"据楼栋长L介绍，"小区基础设施破旧、道路破损、屋顶漏水、墙面脱落；地下排水管网堵塞、车辆停放不规范、停车难等问题都十分严重。""在物业自治之

初，对于小区内出现的很多问题，物业公司都视而不见，不去处理，比如：小区内张贴的到处都是‘牛皮癣’，路灯破损，车辆乱停乱放。这些问题给小区居民造成很大的不便，尤其是车辆的乱停乱放，还导致了车祸发生。由于物业管理不到位，给社区遗留了太多难题。”① 社区S书记说。

为了解决上述问题，麓山明园小区党总支充分发挥居民力量，开展一系列物业活动，取得了良好收效。一方面，麓山明园小区党总支从2013年开始探索在单一楼栋进行物业自治实践，在试点楼栋内动员网格员、党员志愿者、居民骨干等力量，解决了小区配电设施老化、下水道堵塞等一系列历史遗留问题。另一方面，由于外来车辆随意进出小区，导致小区居民出行难、停车难。2015年，社区党组织召开全体党员大会，一致决定由社区党组织牵头发动居民自筹建设小区车辆道匝系统，由居委会指定专人对小区车辆信息进行统计登记，从党员居民代表中选举成立专门的车辆收费财务小组专管财务，由党员志愿者成立秩序维护组，形成了“管理自主、财务公开、成果共享”的物业自治模式；同时，社区工作人员就是否满意该楼栋自管物业，对居民进行了走访调研，并进行实名投票。结果显示，超八成的居民表示满意楼栋自管的物业自治模式，物业自治模式在麓山明园小区的试验取得了初步实效。

S书记分享了建立楼栋自管物业自治模式的经验：“楼栋自管物业自治模式运营期间，部分居民不理解和不支持，认为物业的工作社区不应该插手，但在后续过程中，环境和停车都得到有效改善，党组织也建立了一套完整的规则，对于不理解社区的同志引发的堵车堵门现象，也安排了党员们轮流值班进行值守与劝导。经过一段时间，从不适应渐渐变成了一种常态化，这是大家共同努力的结果。其实，在这种工作中，社区也逐渐了解了物业的一些工作，为后续代管物业增添了信心。”②

---

① 2021年7月19日麓山明园小区书记访谈记录。

② 2021年7月19日麓山明园小区书记访谈记录。

（二）物业自治发展期：原物业出走留难题，社区代管安定民心

社区与物业公司的出发点和落脚点不一样。社区的落脚点在于服务居民，希望居民提出的问题能够得到有效解决。而对于前期物业公司来说，营利才是他们最终的目标。长此下去，社区居民对物业公司拿钱却办事不力的做法极为不满，社区、居民与物业之间的分歧日益增多，矛盾日益加深。居民因不满意物业服务不再缴纳物业费，物业公司因没有收上费用服务更为消极，于是，形成了一种恶性循环，缴物业费的居民越来越少，物业公司的服务越来越差。最终，物业公司因无法继续运营管理于2017年4月主动退场。面对这一变故，基于麓山明园小区实际情况，经多方商议，物业服务暂由社区代管。在服务的过程中，逐步探索了一条以党建为引领，以“三治融合”为基本理念，以居民自治为抓手，以物业服务公司为载体的社区自治“物业先行”之路，形成了党建引领、多方共治的物业自治格局。具体而言，就是通过支、居两委，业、监两委，以及同心理事会召开五方共治会议成立物业公司，充分发挥居民力量，由居民决定物业服务内容和收费标准，使居民成为物业服务的参谋者、社区环境的守护者、治理实效的受益者，促进了居民之间的互助合作及参与能力的提升，推动了居民自治。这样，一方面满足了社区居民的需求，改善了社区的居住环境；另一方面，推动了社区居民以组织的形式开展社区公共活动，促进了社区能力的提升和可持续发展。

然而，在麓山明园小区实行社区代管物业后，正面临长沙市老旧小区服务提质提档全面启动，业委会迟迟无法成立，麓山明园小区物业该如何管，如何把社区代管物业落到实处，并借此实现对社区居民的动员、组织与参与是特别亟待解决的问题。以“三治融合”视角理念为指导，社区须坚持基层民主，尊重群众意愿，加强放权、赋能、服务，严格执行群众性自治事项。为此，社区进行了许多探索和尝试，有人提出向外引进新的物业，但又担心会重蹈覆辙，甚至居民会质疑社区的动机，将对物业的不满发泄到社区工作人员身上。面对这个烫手的山芋，社区书记犯难了。社区

想代管物业，经过评估根据《长沙市物业管理条例》，社区居委会无物业管理服务资质，不能从事物业管理活动，因此这个办法行之无效。“物业公司退场后，部分居民与党组织建议小区自己进行物业管理，但由于过去没有接触物业公司的管理，是门外汉，因此，社区事务对于工作人员而言很重，再增加新的物业工作，社区工作人员会忙不过来。此外，对于物业管理社区没有专业团队，摸着石头过河社区心里没底。基于此，即使居民多次建议，社区在前几年也一直没有表态。”① 书记说道。

为破解以上难题，麓山明园小区根据实际情况，通过多次召开全体党员大会成立麓山明园小区临时自治管理委员会，会议一致同意社区居委会以老旧小区提质提档的名义、居民自治的方式接管麓山明园小区物业服务。并确立了小区物业的自治性质，决定了由社区代管物业运营体系的大致框架，拟定了议事规则、管理原则和组织机构的《自管会章程》等。其中，居民与自管会签订的承诺公约规定：代管期间不收取任何物业管理费，以不低于原服务水平的标准服务居民。

社区居委会为“小区物业如何管理，小区提质提档怎么改”等问题开设宣传专栏、悬挂宣传横幅、发放宣传手册，社区工作人员将1750封《致居民的一封信》送到每户居民家中，充分听取居民的意见。同时，主动消化原物业遗留人员，起用党员、楼栋长及志愿者从事垃圾清扫、交通指挥等基础工作。充分吸收辖区内“能人”“达人”成立监督协调小组，为提质提档建言献策、参与议事，及时感知群众的操心事、烦心事、揪心事，从而夯实社区代管物业的“民心基础”。

麓山明园小区物业尽管由社区代管，但社区居民始终扮演着主导者的角色，在社区党总支的领导下，在“三治融合”理念的指导下，广泛听取居民意见、充分吸纳居民意见、全心全意地为居民办实事，成为为居民服务的新窗口与平台。社区居委会代管物业模式让居民看到了支、居两委的付出与努力，因此也成功地实现了对社区居民的动员，虽然起初受到过一

① 2021年7月19日麓山明园小区书记访谈记录。

些误解与非议，但在这个过程中，社区工作人员着力营造的一种居民集体参与的氛围，获得了大家的认可和支持。麓山明园小区物业代管工作还有效地提升了社区居委会的组织动员能力与服务能力。

（三）物业自治优化期：自治合法地位确立，党建引领多方共治

麓山明园小区代管物业使社区工作人员进一步赢得了居民的充分认可，改善了居民与社区的关系，取得了很好的成效，但距离真正实现物业自治还有较大的差距。一方面，由社区代管物业还存在法律风险，不可避免地会出现维权、赔偿等问题；另一方面，物业自治所涉及的税务、雇员、有限责任与无限责任等问题也需要去解决。这些都是摆在社区支、居两委面前较为棘手的问题。为此，社区党总支先后多次听取党员、居民代表意见，学习和运用《中华人民共和国物权法》《长沙市物业管理条例》等相关法律法规。麓山明园小区先后在2019年1月和10月完成两小区业、监两委的选举工作，2019年底，通过召开支、居两委，业、监两委以及同心理事会在内的五方会议，确定成立物业公司，由主管物业服务的小区支部书记担任法人，居委会两名委员作为公司股东，居委会和监督委员会行使物业公司监管权，共同负责社区物业各项事务的决策。最终确定了新物业服务公司走党建引领、多方共治的基本路线，及非营利的根本性质。麓山明园小区物业公司现有经理1人，财务部2人，保洁部13人，保安部12人，维修部2人，绿化养护2人，食堂3人，物业自治得以全面展开。

麓山明园小区物业自治实践之路，从制度规范和创新服务两方面突破，形成了党建引领、多方共治的物业自治新格局。一方面，通过建立多重制度规范，从纠纷调解、风险保障、信息公开等方面为物业自治之路走深走实保驾护航。另一方面，依靠党建引领、多方共治的物业自治路线，创新服务理念，提高服务水平，形成“人在网中走，事随大家议，队伍内消化，造血可循环”的服务长效机制，让居民全程参与、全程监督，切实感受物业自治的成效与魅力。

三、“党建引领、多方共治”物业自治模式的有效运行与发展

国家治理的难点在基层，基层治理的难点在社区，社区治理的重点在物业。当下，围绕社区物业治理的实践探索与模式建构越加注重街道或社区这一官方或准官方力量的参与。通过麓山明园小区物业自治的实践探索不难发现，在基于市场契约的城市住房管理体制下，社区居民与物业公司不可避免地存在利益纠葛，使得城市社区物业治理不可能完全成为一种存在于“政府与市场之外的自主治理”[6]，而是逐渐融合到以社区为基本单元的社区治理体系之中。在这个基础上，通过“三治融合”治理逻辑的有效运行与发展，健全与完善党建引领、多方共治的协同机制，提升集体合力的治理效能，成为城市社区物业治理的重要着眼点。

（一）政治领航：支、居两委领导贯穿物业治理全过程

“党建引领、多方共治”物业自治模式形成的关键，在于居民对公共事务治理活动的参与和认同。党建引领为公共问题治理中民主共识与多方共治的形成提供了重要支持。社区物业治理中，基层党组织要充分发挥核心领导作用，社区居委会要切实履行属地管理与服务原则，加强政策支持，物质保障和能力指导。麓山明园小区物业自治实践说明，社区党支部、居委会很重视对社区物业工作的领导与安排，能够有效发挥政治领航作用。在文明创建期间，物业公司不管小区的“牛皮癣”问题，麓山明园小区工作人员为维护社区公共利益，从早到晚都埋头在墙壁、栏杆上以及住房门上铲“牛皮癣”，甚至手都铲出血泡。针对小区无车辆门禁系统，物业不加强管理，导致车辆乱停乱放的问题，社区党组织动员党员开会，由党员带头自发捐款，把门禁系统安装起来，保障了小区物业管理与服务的有效运转。面对物业公司退场，社区物业无路可走的窘境，麓山明园小区书记决定实施社区代管物业，号召党组织召开所有党员会议、楼栋长会议，成立自治委员会、财务监督小组、物业专门保洁队伍和管理队伍。社区摸着石头过河，一边做，一边规范，整体系统规则逐渐成形，奠定了基层党组织

在民众中的信任基础，公信力、群众认可度不断攀升。最终通过召开支、居两委，业、监两委以及同心理事会在内的五方会议成立物业公司，确定了新物业服务公司走党建引领、多方共治的基本路线及非营利的根本性质。纵观麓山明园小区物业自治整个实践过程，社区党组织和居委会都十分注重并善于利用自身的政治组织优势，维护居民和小区的根本利益，充分发挥政治领航作用，保障了社区物业自治的有效运行。

（二）自治为基：社区居民在物业自治中发挥基础性作用

城乡社区治理事关党和国家大政方针的贯彻落实，事关居民群众切身利益，其关键在于“依靠居民、依法有序组织居民群众参与社区治理，实现人人参与、人人尽力、人人共享”[3]。社区物业自治作为社区治理的重要内容，既是推动形成业主委员会与社区、物业服务企业协同共进的互动过程，更是坚持依靠居民、依法有序组织居民参与物业治理的多元共治格局的塑造过程。麓山明园小区物业自治实践本身，就是居民“自下而上”充分参与的产物。麓山明园小区在物业自治的探索与发展中，激发辖区居民参与社区物业自治的热情和积极性，最大限度地将居民动员起来、组织起来、凝聚起来，不断改善环境卫生、绿化养护、安保技防、智能化等硬件设施，实现了客服、财务、文化氛围等软件服务全提升。依托物业自治，组织居民开展上百人的垃圾分类、大扫除等志愿活动，春风化雨般地温润人心，营造安宁环境。很多曾经不愿意在社区公共事务中露脸的居民主动站了出来，涌现出“傻子”L叔、助人为乐的“姐夫哥”、出院就直奔施工现场的L爹、一心扑在居民沟通上的T姨等深受群众爱戴的“居民领袖”。此外，麓山明园小区还建立小区物业自治微信群，只要看到不文明现象，居民就会拿起手机随时拍，通过在微信群反馈，实现了“一分钟接单，三分钟到场”，社区问题反馈及解决效能大大提升。麓山明园小区坚持自治为基，充分发挥社区居民在物业自治中的基础性作用，不断提升居民自我管理、自我服务的能力。

（三）法治固本：构建多重制度保障以筑牢物业服务根基

法制建设的根基在基层，薄弱环节在城乡社区。中共中央《关于加强和完善城乡社区治理的意见》明确指出："探索完善业主委员会的职能，依法保护业主的合法权益。探索符合条件的社区居民委员会成员通过法定程序兼任业主委员会成员。探索在无物业管理的老旧小区依托社区居民委员会实行自治管理。"[3]这为进一步增强和提升社区依法办事能力及矛盾预防化解能力等指明了发展方向。麓山明园小区在物业自治实践中，以制度规范和服务群众为导向，全面构建多重制度保障，筑牢物业服务根基。业委会通过持续召开居民大会，认真落实会议内容，制定真实可行的《社区物业服务回访制度》《社区物业服务清扫保洁制度》《社区物业服务车辆管理制度》《社区物业服务中心财务管理制度》《社区物业服务投诉处理制度》《社区物业服务公约》等一系列相关制度，具体体现在三个方面：其一，麓山明园小区通过成立"物业管理纠纷人民调解委员会"，以"先行政调解，后法律诉讼"为原则，对物业纠纷进行劝导、调解。其二，麓山明园小区通过召开共治会议讨论出台《社区物业风险保障规定》，确定明确了责任体属多方，相关风险要共同承担，组织相关人员编制《风险保障手册》，设立风险保障金，针对物业公司在管项目的实际情况，对发现风险管理的职责和项目进一步细化，纳入日常管理章程。其三，麓山明园小区积极回应居民对物业服务的知情权、参与权和监督权的需求，通过公开收费标准、服务标准和服务内容，透明组织人事、财务收支和工作信息，增强居民对物业服务中心的认同感、信任度。可见，麓山明园小区在"三治融合"治理理念的指导下，将法律的行为强制转化为社会群体的行为自觉，促使法律规则潜移默化为公序良俗的法治文化，取得了良好法治效果。

（四）德治润化：践行人文关怀以实现物业服务长效发展

从道德的演进历史来看，德治的传统深深镌刻在每一个国人的心中，成为我们共同的价值理念和思想血脉。德治在"三治融合"治理体系中发挥着先导性的作用，既能支撑自治有效运转，又能规约法治不断完善，是基层治理中不可或缺的治理要素。麓山明园小区在物业自治实践中，践行人文关怀，坚持以人为本，发挥物业服务人员在物业工作中的“核心”地位，注重思想道德建设，采用人性化管理，雇用社区退休居民，妥善安排原物业遗留人员，并以公益性岗位兜底的形式，帮助社区内建档立卡贫困户、低保户及其他困难群众实现就业。日常关注工作人员的工作量、生活及身体健康状态，并适时提高薪酬待遇。对保安、保洁等物业服务人员进行道德素质与职业技能的培训，加强指导、检查、监督物管员的岗位工作。物业公司彻底改变以往的营利性质，为居民谋福祉，社区发展资金和物业费全部用于小区建设和服务居民。根据小区的实际情况，业委会通过召开居民大会，与居民协商沟通，延续了初期0.5元/平方米的物业收费标准，公共区域地面停车场所的基础设施维修和环境维护费初步按30元/台·月，以此引导培养居民缴纳物业费的习惯，增强自身造血功能。保洁方面，每个保洁人员负责4个楼栋的公共服务区域清扫工作，设立150元的每月服务质量绩效工资，保证地面垃圾及时清扫干净。麓山明园小区通过道德规范的润化作用，不断提升物业管理服务水平、质量，现今小区居民缴纳物业管理费比例提高至96%以上，实现了物业服务长期良性循环。

（五）共治聚力：促进政、企、社联盟与民居自治的良性互动

从党的十八大到党的十九届五中全会，基层治理体系逐步明确了“建立起党组织统一领导、政府依法履责、各类组织积极协同、群众广泛参与，自治、法治、德治相结合的基层治理体系”[4]的治理目标。这意味着，新时代中国基层社会治理要从以政府主导为主向“多元主体共治”转变，再从多元主体共治向更具凝聚力的“党建引领、多方共治”迈进。这就要求政府、市场、社会、公众等各种主体在负责的基层治理事务中各司其职、各尽其责，形成具有规范性和社会性的共建共治共享的治理新格局。首先，社区党总支、居委会把准定位，当好自治机构的坚强后盾，对麓山明园小区的业委会选举和物业公司的成立、规章制度的执行、后期运行的管理等

环节及时指导，通过试行定期例会制度、协商讨论制度和审议监督制度等多项制度，共同协调解决小区管理事宜，促使小区管理形成良性循环效应。其次，物业公司彻底改变以往的营利性质，为居民谋福祉，社区发展资金和物业费全部用于小区建设和服务居民。同时积极配合党支部、居委会，对社区5个网格内的服务工作进行全方位的管理监督，形成发现问题及时解决、信息全面掌控的机制。最后，针对老龄化问题，社区引进了社会居家养老公司，将闲置的架空层打造为老年人居家养老中心，让社区老年人老有所养、老有所医、老有所乐。同时，与湖南师范大学合作共建，打造了长沙市首个“区校共建”社区学院，并引入快乐老年大学，开设各色课程，既丰富居民精神文化生活，又为物业自治提供智力支持。各类“草根”社团、兴趣小组不断涌现，近1500名社团成员渗透到社区各个角落，在物业管理中充当着调和、中介、沟通、服务的角色。这些都促进了政、企、社联盟与居民自治的良性互动。

总之，通过组织化建设，确保了物业公司的有效运行，在自治、法治、德治“三治融合”理念下，麓山明园小区的物业公司坚持以人为本，形成“党建引领、多方共治”的物业自治新格局，激发了社区居民日常生活中的联系与互助。

四、反思与探讨

长沙市麓山明园小区从2013年启动物业自治探索，在“三治融合”理念的指引下，不断丰富与发展物业自治实践，有效打通了小区服务的“神经末梢”，逐渐形成了一套框架合理、体系完善、成效明显的物业管理办法，具有较好的参考和借鉴价值，为构建共建共治共享的社区治理共同体奠定了坚实基础。

从麓山明园小区的物业自治实践来看，以下几点是在推进物业自治过程中需要坚持并不断完善的。一是旗帜鲜明地坚持并加强党的领导，不断激活居民自治组织中的“红细胞”。把党的工作延伸到千家万户，以关心群众、服务群众的实际行动带领群众自觉跟党走，实现党的领导和主张在基层落地生根，开花结果。二是要善于利用业委会、监委会、同心理事会等社区自组织，发掘并培养居民骨干，切实发挥社区居民在物业自治中的基础性作用。三是要提升物业服务的专业化能力和水平，按规律办事，形成良性发展的服务机制与服务流程。四是要利用好居民监督这一监测“雷达”，以问题为导向，把社会治理工作中的不足晒在阳光下，请群众监督和评判。

参考文献：

[1]习近平.决胜全面建成小康社会　夺取新时代中国特色社会主义伟大胜利[N].人民日报,2017-10-28(001).

[2]张明皓.新时代“三治融合”的乡村治理体系理论逻辑与实践机制[J].西北农林科技大学学报(社会科学版),2019,19(5):17-20.

[3]关于加强和完善城乡社区治理的意见[N].人民日报,2017-06-13(001).

[4]中共中央国务院关于加强基层治理体系和治理能力现代化建设的意见[N].人民日报,2021-07-12(001).

[5]习近平在经济社会领域专家座谈会上的讲话[N].人民日报,2020-08-25(002).

[6]陈幽泓.从维权到治理:中国社会转型中的业主组织[A].北京市海淀和谐社区发展中心.和谐社区通讯,2010(1)(总第7期),2010:22.

治理案例

凤鸣难题三方议　和谐友爱筑社区

荆州市荆州区郢城镇凤鸣社区

凤鸣社区地处荆州城北部，是一个包括荆州火车站、荆州客运枢纽站和5个新建楼盘的新建社区，下辖6个居民小区，共3235户、13215人。虽然社区刚成立3年，大部分居民入住不足5年，但社区通过协调居民、物业和居委会三方关系，提升物业服务水平的“物业服务三方协商议事会”，使社区成为荆州中心城区物业和居委会工作居民满意度最高的社区之一，每天都有购房者冲着居委会和物业的口碑过来买房置业，形成了奇特的“凤鸣现象”，社区多次获得“物业服务示范项目”的荣誉称号。

一、民主协商形成背景

凤鸣社区是一个以新建住宅小区为主的新型社区，居民入住时间短，邻里陌生，关系淡漠，彼此之间成为距离最近的“陌生人”，同时因房屋质量、物业服务质量等问题群体性事件频发，居民缺乏安全感，对社区认同感、归属感较差。因此，居民、物业、居委会三者之间关系紧张，各种矛盾不断出现：一是物业管理服务体系不健全，不能满足老人、儿童、青年人等各种群体的需要，物业服务品质和业主不断增长的服务需求相互博弈，形成了恶性循环；二是居民对物业和社区的认同度低，不理解支持物业工作，消极参与社区治理；三是居民、物业和居委会之间缺乏有效的沟通平台，居民的诉求无处反映，不能得到及时解决。

为缓和居民与物业、居委会之间的矛盾，有效扭转这一被动局面，2017年以来，凤鸣社区通过搭建协商议事平台，建立“四会制度”，变被动为主动，变管理为服务，引导社区居民充分讨论、全民票决，如快递是否进入小区、地下车库是否新增门禁等重大物业管理事务等，激发居民作为社区治理主体的参与意识，居委会和物业对居民所反映的问题不回避、不推诿，有效缓和了三方关系，化解了诸多矛盾。凤鸣社区经过几年的不断摸索和试验，创制了“物业服务三方协商议事会”，居民对物业公司满意度从不足50%提升到90%以上，居民、物业和居委会的关系得到了重构。

二、民主协商的主要内容

（一）摸清需求，确定协商议题

为更好聚焦群众反映强烈的问题，满足居民的多样化需求，社区将工作人员分为几个调查小组，深入小区走访调查摸清辖区情况，从小区居民最关心、物业企业最头疼的问题入手。另外，社区通过举办居民茶话会、三方座谈会、智能化物业系统信息平台、业主微信群等形式充分吸纳社区居民的意愿诉求，打通社情民意表达渠道。如绿地小区因周边施工导致小区频繁停水停电停气，居民通过微信群和座谈会，多次向物业反映小区停水停电停气问题，社区了解情况后及时召开三方协调会，通过协调租用发电机组、沟通制订停水停电预告方案，顺利解决了该问题；针对居民提出的物业利用小区公共空间营利不公开不透明的问题，社区督促物业迅速公开收益，如：电梯间广告收益、小区场地公共广告收益、快递柜收益等，及时响应居民诉求，有效对接和满足了居民的生活需要。

（二）搭建平台，架起协商桥梁

为不断拓展居民诉求反映渠道，加强居民和物业、社区居委会之间的联系沟通，及时解决居民问题，社区建立起居民议事会、民主协商会、民情恳谈会、事务协调会，即“四会制度”。会议由社区党组织，居委会，相关市、区、镇政府职能部门，物业服务企业，房地产开发商，社区居民代表等共同参与；围绕环境卫生、社会救助、社区治安、社区文化、计划生育、社区服务等关系居民切身利益的事项提出意见或建议，对停车场地收费、水电相关问题、周边施工建设扰民、流浪狗患等民生问题、群众反映强烈的其他问题及重大矛盾纠纷及时进行沟通协调。四会平台的建立真正做到了社区事务让民知，社情事务让民管，社区工作让民审，重大事项让民议。

（三）组建队伍，实施协商决议

为不断提升物业专业化服务水平，引导物业公司主动常态化开展志愿服务相关工作，社区针对新建小区新婚夫妇多、新生儿多、装修多、搬家多等具体问题，将通过会议、微信群等多种渠道搜集的居民诉求进行整合，从居委会和物业公司抽调骨干人员，组建便民服务组、工程服务组、爱心服务组、社区服务组等四个物业服务组，为居民提供重物搬运、管道疏通、家电组装、儿童临时看护、关爱空巢老人、法律政策咨询、社区事务办理等便民利民服务。每个服务组设有一名组长，居民可与组长进行对接，享受居委会和物业提供的贴心保姆式服务。

社区还积极探索社区群防群治新路径，结合社区物业优势人力资源，通过政法、公安、各职能部门的大力支持与配合，开创性地在各物业服务中心设置了红色物业“110”24 小时综合服务平台，主动为社区居民提供政策咨询、法律援助、纠纷调解、应急求助等事项，以往困扰公安110 平台的水管漏水、噪声扰民、求助开锁、维护维修、邻里纠纷等大量非警务事件，只需一个电话，就能就近迅速处理。社区还发动各物业服务公司组建了两支 70 人的治安巡逻队伍，为其配备了巡逻装备、车辆；社区女子综合巡逻队群防群治工作品牌，先后被中新网、《楚天都市报》、湖北卫视、荆州电视台《江汉风》等媒体与栏目多次报道；积极主动实施巡逻防控外跨一步，在各居民小区每天开展治安巡逻工作，大幅提升了见警率，切实有效地提升了社区居民的安全感。

（四）整合资源，完善社区服务

为动员更多社会力量参与社区治理，社区对辖区内场地、商户、单位、志愿者等资源进行摸底，列出资源清单，整合优势资源，完善服务体系。

针对辖区内空巢老年人、留守儿童多的状况，社区专门链接辖区内理发店，为60岁以上老人精心制作老年人优待卡，凭借卡片，老年人可在辖区内所有理发店常年享受免费理发服务；联系爱心企业绿地袋鼠童趣城，常态化为社区留守儿童开展假日免费玩乐活动；常态化组织开展元旦节、三八妇女节、六一儿童节、端午节、重阳节等传统节日庆祝活动，并在开展过程中发现居民各类骨干，进而组织社区居民志愿者团队，带领社区老人们每天开展健身操运动，常年开设英语、书法、手工、乐器等免费兴趣班；成立“凤之韵”健身舞团、“凤之丽”拉丁舞团、“凤之魅”现代舞团常态化开展群团活动；积极发挥社区在职党员及在职党员所在党组织资源，采取引进来、走出去的方式广泛开展活动，如：联合荆州区人民检察院组织社区居民开展“感受检察零距离”主题活动；联合沙市区农行组织社区留守儿童开展“小小银行家”主题活动；联合荆州博物馆组织社区退伍退役军人开展“共叙军民情，同圆中国梦”主题活动，不断丰富社区文化生活；一系列社区服务活动极大地拉近了居民之间的距离，社区精神面貌发生了翻天覆地的变化。

（五）监督激励，确保协商有效

一是完善公开监督制度。为保证居民的知情权，强化居民对物业管理服务工作的监督，推动决议落实，社区安排居委会主任担任辖区内各个物业服务企业的服务质量总监，同时聘用部分居民代表担任监督员，定期对物业管理服务各项工作进行监督；制定并实施物业服务企业主要负责人定期向社区述职、“三方恳谈会”、居民诉求全程跟踪管理、物业服务质量监督管理、微信群、社区公开栏通报事项进展等制度。社区和居民深度参与物业企业的运营和监督，确保了工作的顺利开展。二是建立积分激励机制。为不断增强社区各类主体支持参与社区治理的积极性，社区建立起积分兑换制度，根据志愿活动的时长以及活动内容，制定具体积分兑换细则。参与环境卫生、社区创文等社区公益积1分，参与群团组织活动积2分，参与群防群治积3分，不同分值可兑换不同奖励，如减免全年物业费用，常年享受社区2个专业理发店免费理发服务，享受社区共建健身企业免费健身服务，子女免费在绿地袋鼠童趣城玩耍、全年参与社区兴趣培训班及社团活动资格等实用性奖励。

三、民主协商的实践成效

（一）“四会”平台化解社区矛盾

以前居民有问题投诉无门，得不到有效解决，但通过搭建居民、物业和居委会协商的“四会”平台，社区有效解决了停车位不足、基础设施不完善、高空抛物、治安差等各种突出问题。自制度建立以来，社区共收集居民意见及建议32件，协调解决居民反映的各类诉求43件，调解各类纠纷36起，有效将矛盾化解在了社区内部。

（二）监督体系促进服务升级

社区引导居民与物业企业定期针对小区内的问题开展协商，通过讨论将问题讲清楚，通过投票来充分表达民意，如全民票决小区快递是否可以进入小区、地下车库是否新增门禁等重大物业管理事务，同时组建便民服务组、工程服务组、爱心服务组、社区服务组等4支服务队伍，提供重物搬运、管道疏通、关爱空巢老人、法律政策咨询等服务，完善了物业服务体系，提升了物业服务的质量和水平。

（三）自建队伍营造和谐社区

社区平安防患于未然，自成立女子治安巡逻队、搭建“110”24小时综合服务平台以来，共处理消防小隐患3处、开展文明劝导321人次、调解小纠纷5起、提供旅客咨询423人次、劝阻占道经营12处，出动平安创建、扫黑除恶专项斗争宣传车383车次。同时利用一应青藤物业信息系统平台、QQ、微信等新媒体渠道，向辖区居民宣传居家安全防范知识，维护了社区秩序与社会稳定。

同时，社区常年组织居民开展元旦节、三八妇女节、六一儿童节、中秋节、重阳节、老年人集体生日会等节日庆祝活动，给居民提供互相沟通、交流的平台，增进了社区居民感情，拉近了彼此距离，居民之间的关系更加亲密。

该社区紧紧围绕居民最关心的事务，协调居民、物业和居委会三方关系，紧盯精细和精准服务，逐步将凤鸣社区打造成了一个有“人情味”的新型城市社区。社区治理工作先后被中新网、《楚天都市报》、湖北卫视、荆州电视台等媒体报道，省委政法委、市委组织部、市民政局部门领导多次深入社区调研指导工作。社区治理工作经验被《法制日报》平安中国社区版以《凤鸣社区治理的“梧凤之鸣”》进行了专题报道。

四、民主协商的经验启示

物业服务三方协商议事会将物业、居委会和居民相结合，为居民提出问题、社区解决纠纷提供了平台，为社区治理提供了新思路、新方法，凤鸣社区物业服务三方协商议事会在以下几个方面为社区治理提供了经验启示：

（一）以真情服务，坚持协商沟通

社区治理要真切关注居民群众需求，深入了解居民困难，解民忧，排民难。物业服务三方协商议事会为居民、社区、物业三方沟通搭建了平台，物业和居委会以真心对待居民，设身处地为居民办实事，居民得到动员积极参与社区治理，真正做到了“民有所呼，我有所应”。

（二）以创新为旗，探索治理路径

创新是社区治理的动力与源泉，该社区在三方协商议事会形成过程中积极创新探索社区治理的新路径，形成了社区群防群治的新模式，调动各方资源，组建红色物业“110”24小时综合服务平台，保障社区秩序，维护社区治安。

（三）以机制促建，高效整合资源

社区治理要调动人力、物力、财力等多方资源，形成社区发展合力，完善社区服务体系。该社区通过资源整合，形成监督机制、激励机制，为社区发展提供制度保障，切实保障居民需求得到解决，社区服务得到提升，高效治理得到落实。

小小屋场会　治理大舞台
——张家界市武陵源区以"屋场会"推动社区治理

廖湘琳[①]

习近平总书记指出，坚持社会治理为了人民，善于把党的优良传统和新技术新手段结合起来，创新组织群众、发动群众的机制，创新为民谋利、为民办事、为民解忧的机制，让群众的聪明才智成为社会治理创新的不竭源泉。正如总书记所言，群众是社会治理的关键，是一切工作的出发点和着力点。提高群众参与社会治理的积极性，充分挖掘群众社会治理的潜力，将民主选举、民主管理、民主决策和民主监督真正落到实处。

一、武陵源区基层社会治理发展背景

武陵源区占地面积397.58平方千米，辖索溪峪街道、天子山街道、军地坪街道、锣鼓塔街道、中湖乡、协合乡6个乡级政区，共33个村（居）委会，常住人口近6万人。"十三五"期间，武陵源区支柱产业旅游业发展突飞猛进，乡村旅游方兴未艾，各村（居）经济发展取得了长足的进步，脱贫攻坚成效显著。为进一步实施乡村振兴战略，武陵源区委、区政府出台了一系列促进村（居）发展的政策文件，其中基层公共服务（一门式）全覆盖效果斐然，全区33个村（居）委会均配备了综合服务平台，基本实

① 廖湘琳：女，土家族，中共党员，硕士研究生，毕业于湘潭大学应用经济学专业，研究方向农村金融。现就职于张家界市武陵源区民政局，担任办公室主任一职。

现了“一门式”办理、“一站式”服务。同时，武陵源区还大力培育孵化社会组织，截至目前，全区共有46家社会组织，其中国学堂等社会组织在基层社会治理中发挥了很大的作用。除此之外，武陵源区还启动了社会工作站计划，积极引入社会工作者，为各乡（街道）实现村（居）自治注入新鲜血液。

近年来，武陵源区在全区范围内广泛开展新时代文明实践活动，践行新思想、展现新作为、实现新发展，积极创建文明武陵源和国家、省级文明城市。2020年，武陵源区创新屋场会活动模式，以索溪峪街道为试点，深入推进党建引领基层治理水平现代化，将文明实践活动与基层治理结合起来，形成覆盖全域、功能集成、工作协同的基层治理体系，建设人人有责、人人尽责、人人享有的社会治理共同体，打通群众工作“最后一公里”。

二、典型经验做法

武陵源区索溪峪街道辖区面积135.27平方千米，总人口约1.5万人，共有黄龙路居委会、迎宾路居委会、喻家嘴居委会、文风路居委会、白虎堂居委会、田富村、双星村、金杜村、双文村9个村和社区。2020年，索溪峪街道践行武陵源区新时代文明实践活动，打造街道级新时代文明实践所、村（社区）新时代文明实践站、屋场级新时代实践点（即新时代文明实践小广场）三级服务阵地，从而实现新时代文明实践“一村一品”全覆盖。其中，以屋场级新时代实践点尤为突出，成为索溪峪街道基层社区治理的最大创新。

（一）党建引领，顶层优化

党建引领是核心。索溪峪街道充分发挥党建对基层社会治理工作的引领作用，调动基层党员干部力量，切实提升共治善治水平。高度重视党建阵地建设，一个屋场配备一个党小组，党小组主要起着群带核心作用。按照一名文化骨干（拟任管理员）、一块电子显示屏、一面文化墙、一组灯光、一个广播（村村响）、一个监控、一支文艺队伍、一面旗帜的“八个一”标准，落实屋场网格活动阵地，夯实党小组阵地建设基础。

顶层设计是关键。索溪峪街道始终坚持“屋场网格基层治理，服务群众不打烊”的总体目标，通过党员微网格激活屋场网格，实现“大数据”平台融合，推动党建与新时代文明实践的高度融合、同频共振，实现党组织组织群众、宣传群众、凝聚群众、服务群众的功能，真正构建一个人人有责、人人尽责、人人享有的基层社会治理共同体，打通联系服务群众的“最后一公里”。

（二）主题突出，特色鲜明

索溪峪街道以“多彩索溪、精彩生活”为主题，寓意着通过新时代文明实践活动开展，紧紧依托“屋场网格+党员微网格”这一最基本的社会治理细胞，零距离接触群众，零距离宣传群众，零距离服务群众，推动索溪治理有声有色，群众生活多姿多彩，让老百姓一张张笑脸成为索溪峪街道新时代文明实践一道亮丽的风景线。每个村的屋场拥有独特的颜色标识，贯穿到服装、挂牌等方方面面，于细微之处彰显出别具一格，将“多彩索溪、精彩生活”主题深入到每个屋场中。屋场网格特色鲜明，以每天开展文体活动、每周开展志愿服务、每月召开屋场会、每季开展文明评比、每年开展文艺会演的“五每”，以及微党建、微宣传、微监督、微服务的“四微”为重点，创新屋场网格治理举措。

（三）民意畅通，民主议事

索溪峪街道屋场模式的独到之处在于畅渠道、顺民意，切实做到了问政于民、问需于民、问计于民，真正做到了从群众中来到群众中去。从屋场概念的提出到优化完善、执行，都凝结着索溪峪民众的智慧结晶，在多元主体的共同参与下，最终呈现的屋场模式必然是民心所想、民心所向。从屋场选址初始，索溪峪街道就秉持“原址优化、就近建设、辐射带动、功能合一”的原则，科学、合理布局屋场文化广场。屋场会议时间贴近生活实际，氛围轻松愉悦，流程化繁为简。索溪峪街道以主题党日活动为契机，考虑居民白日生产劳作无暇参与，将屋场会议时间定在茶余饭后、休闲娱乐之后，既能顾及居民感受，也能活跃会议气氛。屋场会主要承担宣政策、谋发展、提建议、解问题、论变化、引风尚的功能，最终达到融合党群、干群关系，为群众排忧解难的目的。

第一，在召开屋场会议前夕，党小组利用党员微网格平台入户走访联系户收集问题、了解诉求，结合当前重点工作、宣传重点等，确定屋场会会议议题、主持人、主讲人员、参与人员、活动时间和地点等。第二，屋场文化广场网络全覆盖，利用 App 等智能化手段进行政策宣讲。第三，屋场会议期间，针对前期收集的问题，现场答疑解惑并解决能够即时处理的问题。现场无法即时处理的其他问题，按照“五个一批”原则，做好后续跟进。第四，主持人对活动内容进行记录汇总，并及时反馈给街道联村干部。同时，做好活动反思，对屋场会的活动形式和流程等方面进行不断的修正和完善，不断提高屋场会活动效率和质量，不仅要开会，还要开好会，开有实效的屋场会。

（四）多元主体，夯实力量

索溪峪街道屋场模式汇集多方参与力量，将精干力量和资源下沉到村、社区，进一步夯实基层社区治理基础。每天有文艺骨干带领广大群众进行广场舞、太极拳等文体活动；每周有志愿者队伍、关工委、五老协会、基层妇联、团委和国学堂、小背篓艺术团等社会组织开展走访慰问、宣传下乡、扶贫帮困等志愿活动；每月召开屋场会，有联系村后盾单位及区直相关单位协助解决群众反映的问题，并依托文化广场及时将党务、村务、财务等重要信息公示公开；每季在街道工作人员的指导与协助下，以村和社区为主导，主动开展“文明家庭”“索溪好人”等评选活动；每年由街道主办，各村、社区组建参赛队伍，举办大型文艺会演或农民运动会。

三、取得的成效

实践经验证明，索溪峪屋场模式反响热烈，群众满意度高，幸福感、获得感不断提升。议事方式更加民主，决策过程更加透明公开，为民办实事的效率进一步提升，群众参与社区治理的积极性不断提高。

（一）文化生活丰富多彩

索溪峪屋场文化广场的设置，集休闲娱乐、政策宣讲、议事决策于一体，寓教于乐。文化广场既有群众喜闻乐见的广场舞，也有文艺会演活动；既能享受露天电影等形式的视听盛宴，也能积极参与文体活动比拼；既是闲暇之余放松唠家常的好去处，也是学政策议国事的重要场所。索溪峪街道利用小广场建设，打造文艺骨干队伍，根据群众思想特点和风俗习惯，针对不同群体，采取多种形式，增强文明实践的时效性和感染力。特别是2021年庆祝中国共产党成立100周年期间，街道和各村（社区）组织大小型文体活动5场，全民参与，切实丰富了广大老百姓的精神文明生活，激发起广大群众参与街道、社区建设的热情，营造出和谐幸福的乡风文明良好氛围，积极回应了人民群众对美好生活的向往。

（二）问题化解成效显著

索溪峪街道屋场会正式上线以来，在疫情防控、复工复产、春耕复耕、精准扶贫等重大问题上有所突破。2020年，共收集问题121个，现场即时解决问题103个。通过共商共议，极大提高了广大群众干事的积极性，有效推动了金杜村村集体企业复工复产，加快推进了双星村基础设施饮水工程和道路硬化建设，加大了电力改造及通信设施建设，着力推进了田富村重点项目九、十组至黄龙洞道路建设等。

（三）群众参与高效治理

索溪峪街道屋场会充分发挥党员示范带动作用，搭建协商议事平台，提高群众参与议事决策的积极性，在社会参与中持续提高群众参与社区自治共治能力，为基层社会治理注入活力。创新村民议事形式，调动广大群众议事决策的积极性，吸纳周边众多群众参与屋场会，采取共商共议的模式，以群众自我管理、自我教育为基础，激活群众活力，化被动为主动，改变过去参与主体单一的局面，形成全民参与共建共治共享的良好氛围。

四、反思与探讨

武陵源区社会治理以往以政府为绝对主导，政府掌握了绝大多数话语权。政府在主导社会治理的过程中虽然能最大限度地实现党的意图，减少组织成本，但是也容易造成民意无法有效实现的问题，民主缺位现象屡见不鲜。采用屋场会的治理形式，实际上就是把基层社会治理的话语权慢慢移交到群众手中，群众自治的参与度更高。政府从治理的主导地位向引导方向转变，是探索基层社会自治的一种新路径。

屋场会作为基层社会治理的“后起之秀”，能够直接输送群众的呼声，但是作为最接地气的一种方式，主要依靠的还是党员带动群众参与，其效力主要限于处理群众身边的“疑难杂症”，参与方式主要限于召开座谈会。当今社会信息化发展迅速，智能化水平显著提高，我国致力于开启现代化征程，实施乡村振兴战略，打造现代化农村、培养现代化农民。屋场会也要紧跟时代步伐，提升信息化程度，打通信息壁垒，打破信息孤岛，让更多在外务工的群众更好地参与到家乡的大发展中来，真正实现打通社会治理的“最后一公里”。

运用“131”自治机制破解老旧散小区治理难题

重庆市南岸区长生桥镇人民政府

摘要：长生桥镇地处城乡接合部，老旧散小区多，普遍无管理用房、无服务设施、无“造血”功能，物业公司基本不愿进驻。居民多为征地转非人员，主人翁责任意识差，对小区事务漠不关心，房产证不办“等政府”、一户一表不安“赖政府”、小区无人管理“缠政府”，脏乱差臭“怨政府”、电梯失修“怪政府”、推倒围墙“闹政府”，矛盾问题突出，群众信访不断，成为镇稳定和民调工作的一块“心病”。近年来，镇党委政府坚持以习近平新时代中国特色社会主义思想为指导，认真贯彻落实党的十九大和十九届二中、三中、四中、五中全会精神，坚持党建引领、问题导向、“三事分流”，充分发挥社区主导和居民主体作用，积极运用“131”自治机制解决老旧散小区治理难题，实现从“代民做主”到“让民做主”，从“政府管理”到“自我管理”，从“被动参与”到“主动参与”。

关键词：党建引领；“131”自治机制；小区治理

一、治理路径

第一个“1”：党组织下沉小区，引领治理方向。

建好“家门口”的党支部，构建“社区党委—小区党支部—楼栋党小组”一竿子插到底的党组织覆盖格局，使党的组织、党的工作、党的资源进小区，不断提升基层党组织组织力。通过分片联系、设岗定责，让党员有为有位，引领群众参与教育、管理、监督和服务。持续多年的“老上访”成为小区自治的“热心人”，原来的“无人管事”变成了“人人管事”。

"3"："议事联席会民主商议＋自管会决策执行＋监委会全程监督"，完善自治机制。

议事联席会民主商议：社区指导组建由单元代表和小区党员构成的院落议事会，通过前期群众意见会及议题讨论会，及时收集小区居民意见，分流大事、小事、私事三类事务，梳理小区内部事务提交至议事联席会民主商议，明确"做不做"和"怎样做"。自管会决策执行：采取一户一票方式，推选出有时间、有精力、有能力、有热情、公道正派、群众认可度高的代表组成自管会，代表居民行使管理小区权力，执行议事会民主商定的小区日常管理、人员聘用、经费开支等事宜，有效开展小区自治工作。监委会全程监督：在党员骨干和热心群众中民主推荐并差额选举产生监督委员会成员，全程监督小区自治工作，通过院坝会、公开栏等形式定期公示物业收费支出、群众意见办理及决策执行情况等。通过自主协商、共同决策、集体推动，解决房产证办理、"一户一表""房价补差"等群众"急、难、愁"问题和小区环境差、管理乱、健身难等社区棘手难题，使居民"等、靠、要"思想逐渐转变。

最后一个"1"：完善长效机制，巩固自治成果。

按照"一事一议""一议一制""一制管一事"原则，制定《居民商户共治公约》《自治物业管理方法》《停车管理办法》等小区公约，通过腾挪物管用房、引进便民服务、规范停车收费等措施，增加"造血"功能，确保有人管事、有章理事、有钱办事。完善《散居小区自治管理考核评比办法》，规范自治管理行为，巩固综合整治成果，不断提升居民参与度、满意度。

二、治理成效

（一）环境变美

本着居民出一点、社会捐一点、政府帮一点的"几个一点"的原则，近5年来，申请民泰基金支持260余万元，居民自筹资金115余万元，建成上锦星城健康小屋、绿岸阳光初心长廊、富翔花园幸福广场、“一米阳光”志愿者服务社、移民小区法治长廊、茶花小镇文化步道、今福小区民泰长廊等便民场所，在小区设置富有文化底蕴、主题突出、特色鲜明、生动活泼的文化小品80余处、宣传栏31个，以环境整治推动居民自治，让社会主义核心价值观、家风家训、文化公德等巧妙融入居民生活，引导居民加强道德自律、主动遵守公序良俗。移民小区、锦绣丹阳、汇丰楼等10余个小区自发开展“美丽楼道、美丽庭院、美丽阳台、美丽家庭、美丽志愿者”的5个美丽建设，居民纷纷把家里的“破盆”变成小区的“花盆”，让丢弃的“废胎”变为小区的“花台”，打造小区“共享花园”。小区道路干净整洁、车辆停放有序、人车进出畅通、基础设施完善，共同珍惜、维护小区环境和氛围已成为居民的行为自觉。

（二）人心变顺

一是立足于竭诚解决群众所急、所需、所盼。坚持尊重群众、相信群众、依靠群众的群众观念，构建“政府、社区、小区”三级联动治理网络，按照群众意见会、议题讨论会、议事决策会、群众评议会的议事规则，解决了移民小区10余年来房产证办理、今福小区一户一水表安装、桃花园小区房价补差落实等一批政府头疼的问题，化解了小区无路灯、污水横流、乱牵乱挂等社区棘手的自治难题900余件，居民自主办理个人“私事”3400余件。几年前还不断到市、区上访的骨干分子赵某、刘某等10余人主动参加矛盾纠纷调解、义务巡逻等便民服务队，带头转变“信访不信法”的思维，成为小区依法自治带头人和主心骨。

二是致力于让群众充分参与、当家做主。楼栋事、大家提、共同议、协商办，东升彼岸、汇景苑、琥珀居等老旧散小区综合整治，采取召开居民代表会、楼栋会、院坝会，收集意见、组织协商、完善方案，推动解决环境差、停车难等问题。在老旧小区消防通道综合治理中，江南丽景、长生雅苑等小区农转非居民集体筹资5.5万余元，停车费结余出资7万元，镇政府支持30万元，合力推进消防通道及停车场整治，让“堵心路”变“顺心路”。在新冠肺炎疫情防控中，13个自治小区460余名党群骨干、热心居民主动请缨，分片包干开展人员排查、巡逻值守、清扫消杀、居家服务等，坚守36个小区卡点90余天，自发捐款近5万元，带动广大居民积极参与“我的家园我守护”，筑牢抗击疫情“防护墙”。曾经的冷眼旁观者成为主动参与者，小区“上访户”成为邻里纠纷“调解员”，推墙阻工“策划者”成为小区自治“带头人”，观望、质疑、抵触的人少了，主动尽责、自觉参与的人越来越多了，凝聚了“小区是我家、我爱我的家”的广泛共识和感情共鸣。

（三）小区变和

一是大力树榜样、传家风。广泛开展优秀党员、优秀志愿者、文明家庭、学习之星、先进自治小区等各类评选，在小区建立好人榜、好人墙，命名好人路，让350余名身边榜样激励人、影响人、带动人；长河湾、东升彼岸等10余个小区党支部、自治组织、党群骨干自发形成“亮举措、比服务、讲奉献、晒成效”的接力赛，各展所长、各尽其能、比亮争艳，广大群众纷纷点赞，让组织有热情、骨干有干劲、小区有变化，激活“幸福都是奋斗出来的”内动力。

二是引导遵法纪、守规则。选取群众生活息息相关、想看愿看爱看的高空抛物、电信诈骗、文明养宠、财产继承、抚养赡养、妇女儿童保护、合同纠纷、环境保护、消防安全等法律常识，通过“漫画说法”“专家释法”“顾问讲法”等，让法律处处看得见、人人听得懂、时时用得上，法治意识潜移默化为居民的“下意识”。化解茶花小镇居民不缴物业费、移民小区房屋产权证办理、世纪花园房屋租赁、上锦星城围墙地界纠纷等疑难杂症。通过道德感化、法治实践与自治结合，营造自律、协商、尚法的氛围，居民自觉加强道德自律、主动遵守公序良俗、共同维护小区和谐。

（四）社区有位

社区以为民、利民的实际行动赢得群众的信任与口碑，上锦星城、绿岸阳光等小区物管撤场后，社区党委联合小区党支部组织召开院坝会，选举自管会、监委会成员，共商共定后续管理方案，推动小区管好理顺。依托志趣纽带，丰富文体活动，培育卫生健康、自治管理、文化体育等各类社会组织32个、2000余人，今福小区“编外女儿服务队”主动照顾独居老人、桃花园小区“环保卫士”自发进行美化家园、富翔花园“和事佬调节队”协调居商矛盾、上锦星城“益家联盟”常态开展自治管理……各类人群通过参与有所为、有所乐、有所获，群众参与度、幸福感、获得感不断提升，转变居民多年来形成的对社区认识模糊、感情淡漠的思想观念，提升了社区影响力、感召力，夯实了群众基础。

（五）政府省事

坚持问题导向，镇政府每年投入15万元对老旧散小区开展“好家园”“好管家”评比表彰，激发小区自治骨干和广大居民的参与热情、责任意识，促进自治管理规范化、常态化。各小区通过清理功能用房、规范停车收费等，增加造血功能，让小区有公共资金用于开展活动和设施改造，让管理人员有工作职责和经费补贴，实现以院养院，小区管理经费由“政府资助为主、居民自筹为辅”向“居民自筹和社会资助为主、政府补贴为辅”转变，群众逐渐从“什么事情都找政府”理性认同为“自己的事情自己干”，社区从“眉毛胡子一把抓”变为建章立制“依法组织自治办小事”，政府从“无限政府”逐渐松手变为“有限政府”，形成政府治理和社会调节、居民自治的良性互动。

三、工作体会

小区治理永远在路上，需要坚韧坚定，循序渐进，久久为功。

一是要发挥“领”的作用。基层党组织深深扎根群众，把支部建在小区里，党员通过“亮身份、亮承诺、比服务、比奉献”主动“站”出来，让群众可见、可感，给他们以主心骨和带头人的依靠和踏实。支部牵头协调各方，组织群众依规有序成立自管会、业委会、议事会等自治组织，将有关方针政策、法律法规通过民主协商，巧妙融入小区公约、楼规民约、共建机制等，使其成为小区居民共同遵循的集体主张，从而引领小区规范有序治理。

二是要抓好“责”的问题。小区治理本质是群众工作，唤醒居民主人翁责任感才能打好共建共治共享的治理基础。比如在环境整治过程中，大到小区是否围合、管网如何改造，小到休息座椅摆放、墙面装饰都全部由小区居民自己决定，潜移默化让居民从旁观者、评论者变为参与者、建设者，激活小区治理共同体的主人翁责任共识。

三是要注入“获”的动力。坚持以问题为导向，以志趣为纽带，切实解决涉及群众共同利益的现实问题，丰富群众日益增长的精神文化生活，以实实在在的获得感激活居民自觉、自发、自愿参与的原动力，推动小区治理持续、长效的良性循环，实现小区的长治久安。

社会工作

养老服务机构中老人能力评估的实践研究
——以广州市某社区综合养老服务中心为例

朱祥磊　朱红颖①

摘要： 面对人口老龄化时期日益变化的环境及老人多元性的需求，本文梳理了老人能力评估的研究及发展，以广州市某社区综合养老服务中心的老人能力评估为例，介绍了评估团队、评估使用标准及程序，分析了老人能力评估过程中存在的问题，从养老服务评估人员价值培养、能力提升、家属沟通、结果应用及评估机制改善方面给予建议，为未来养老服务领域实践研究提供一定的借鉴。

关键词： 老人能力评估；照护计划；能力提升；机制改善

在我国面临人口老龄化和老龄化速度不断加快的现阶段，与长者相关的问题越来越复杂。随着社会环境的变迁和传统家庭养老结构的变化，空巢、高龄等人口老龄化的现象越来越多，使得老年人愿意选择机构养老[1]，而且入住养老机构的老年人对自身健康、文化、心理、精神等方面的需求逐渐呈现出多样化、复杂化的特点[2-4]。

《中华人民共和国老年人权益保障法》明确要制定养老服务设施建设、养老服务质量和养老服务职业等标准，建立健全养老机构分类管理和养老服务评估制。老年人能力评估工作是建立养老服务评估制度的重要组成部分。老年人自身能力的情况与老人需求息息相关，综合评估老年人生理、

① 朱祥磊：台湾暨南国际大学社会政策与社会工作学系博士生，广州市乐怡康养老院有限公司服务总监。朱红颖：长江大学社会工作专业研究生，东莞市正阳社会工作服务中心督导。

心理及社会能力的作用程度，通过国家相应的行业标准对老年个体的生活自理能力进行评估，不仅可以为老年人分级护理提供选择依据，也可以为控制或预防生活自理能力的下降或丧失提供支持[5]，还可以为老人入住养老机构后的服务适应和照顾计划的制订执行提供依据。

一、养老服务机构老人能力评估标准的发展

《老年人能力评估》行业标准把能力定义为：个体顺利完成某一活动所需的主观条件。评估是指根据某种目标、标准、技术或手段，按照一定的程序，对已有信息进行分析，并判断其结果和价值的一种活动。[6]老年人能力评估是依据标准对老年人的生理、心理和社会状态进行评价，主要评估内容有日常生活活动能力、精神与心理状态、感知觉与沟通能力、社会支持网络等。[7]

在我国，老人照顾长期护理的评估虽然已经有十余年的过程，但实际应用仍处于探索应用阶段，各地各机构对老人照顾分级护理划分标准并不统一，不同的养老机构经常根据自身人力资源和现有条件的限制予以调整。另外，老年人自身条件及家属个别化的要求等因素，经常影响到老人能力及护理等级评估的客观性及相应内容，使得实际分级护理与老年人需求和能力的匹配度不高，再加上部分养老机构成本方面的考虑，老年人的护理需求未得到及时有效的满足。如何更好地做好老人能力评估成为亟待解决的问题。[8]

目前，我国主要参照美国、日本的评估工具，对老年人能力评估展开研究，并出台了老年人能力评估的等级和内容划分的相关标准。同时，我国相关学者通过实地调研不同地区的发展现状，深入分析养老服务机构的人员、设施设备等方面的相关要求，使标准的相应条款符合我国养老服务评估的现状。2009 年，民政部将《老年人能力评估》列入行业标准项目；2012 年 5 月，新的编写组重新编制了标准的框架及内容，形成了《老年人能力评估》行业标准；2013 年，依据 interRAI 中的部分内容发布了《老年人能力评估》（MZ/T 039—2013）；2017 年，由全国社会福利服务标准化技术委员会提出、起草的《老年人能力评估》获批民政行业标准。我国养老服务能力评估标准的不断完善与发展，对我国养老照顾护理方面的规范化

和科学化管理具有重要的意义。

最新的标准是为满足老年人养老服务的需求，在参考国内外老年人能力评估工具的基础上，结合我国的实际情况，针对老年人能力评估所颁布施行的一项行业标准。标准从日常生活活动、精神状态、感知觉与沟通、社会参与 4 个方面进行老年人能力评估，构建了由 4 个一级指标、22 个二级指标组成的能力评估指标体系；明确了由评估环境、评估时间、评估提供方和评估方法组成的评估实施办法；规定了依据评估体系评分后的结果处理及分级标准。养老机构及工作人员能够通过科学标准评估老人能力及需要，为不同的老人提供相应有针对性的、有效性的护理服务，为改善老年人失能状况和开展专业化照顾服务提供科学依据[9]，对于老年人能力评估问题的研究有重要的指导和促进作用。

人力资源社会保障部办公厅在 2016 年 7 月印发的《关于开展长期护理保险制度试点的指导意见》中，明确将 15 个城市作为长期护理保障制度的试点，专门针对失能老人提供照护保险。但是，失能老人的等级判定、失能老人的服务需求及专业护理人员的缺失，仍是需要重点关注的问题[10]。许多城市采取了第三方评估的模式对失能老人的等级进行评估。评估人员经过合格的培训和考核，取得了老年人能力评估员资格证书，这就避免了存在区域包庇、等级评定含糊等现象，使评估结果更加公正和公平。[11]因此，实施科学的老年人能力评估对养老服务尤其是养老机构有着非常积极的意义，既能够客观专业地评估老人的照顾能力，又可以通过评估增强老人及家属对组织的信任，确保机构能够科学地制订照护计划，为老年人提供个体化、多元化、持续有效的照护服务，促进养老机构的良性发展，实现服务方与被服务方的双赢。[12]

二、广州市某社区综合养老服务中心老人能力评估的现状

老年人能力评估是开展老年服务的第一个环节，是由专业人员依据相关标准，对老年人生理、心理、精神、经济条件和生活状况等进行的综合分析评价工作。老年人能力评估为准确量化老年人真正需求和合理配置养老服务

资源提供了科学依据[13]。江苏省泰州市社会福利中心原副主任沈桂兰在采访报道中提及，她在参加了全国老年人能力评估培训班后着手全面开展老年人能力评估工作，建立了专业评估室，明确了中心的护理等级及收费标准，建立了评估档案和健康档案，能够为老人提供更加精准的养老服务。

田兰宁博士认为，老年人能力评估专业性强，作为融合性学科需要有医疗护理、心理、家政、社会工作者等各类人才来共同参与这项工作。只有具有全面知识体系的人，才能全面洞察老人、客观评价老人，为以后服务计划的确定做好准备。只有做好各养老机构的“老年人能力评估师”的培养，才能使养老护理照顾服务更加专业化、系统化、精细化、科学化。[14]

在这个基础上，广州市某社区综合养老服务中心于2020年12月正式营业。虽然广州市民政局有专门的第三方管理团队对老人长护险等级进行评估，但此评估滞后，不能在老人入住时就开始介入，以及作为院内收费、护理等级评估、计划制订及与家属前期沟通的依据。因此，养老机构根据自身的个案管理系统组建了以医生、护士、社工、护理员、康复师、生活管家等为核心的跨专业团队，由个案管理员定期召开跨专业团队个案讨论会议评估长者能力，并根据每位长者的特性和需求，整合医护部、护理部、生活部、社工部等多部门的资源，制订个别化照护计划，通过跨专业团队的合作、沟通、协调和联结，为长者提供具有连续性、全面性和统整性的服务，满足入住长者的需要，为长者提供优质、高效的服务。目前院内已经收住53名老人，进行了53次老人能力评估。

（一）组建评估团队

养老服务能力评估团队由医生、社工、护士、生活主管组成。医生作为评估组长，负责长者入院疾病初审、评估等级确认。社工作为评估协调组织者，负责与家属沟通，协助组长组织评估，负责基本信息搜集、感知觉与沟通、社会参与等工作。护士是生活能力评估及护理计划的主要制订者。生活主管主要负责卫生及餐饮需求。

（二）确定评估工具

老年人综合评估工具可客观、多维度地评估老年人的风险和不良结局，从而为医护人员更好地制订照护方案和进行资源分配提供依据[15]，同时也可以保证对有需要的老年人提供尽早干预，延缓失能进程，提高养老机构护理质量。我院结合本身的实际情况，使用的是民政部于 2013 年 8 月发布的《老年人能力评估》（MZ/T 039—2013），亦是广州使用的评估标准，即 4 个一级指标（日常生活活动、精神状态、感知觉与沟通、社会参与）、22 项二级评估指标。具体评估等级及对应护理级别如表 1。

表 1　老人能力等级、评估标准及护理等级对照表

能力等级	评估标准	护理等级
能力完好	日常生活活动、精神状态、感知觉与沟通的分级均为 0，社会参与的分级为 0 或 1	自理等级护理
轻度失能	日常生活活动的分级为 0，但精神状态、感知觉与沟通中至少一项的分级为 1 及以上，或社会参与的分级为 2；或日常生活活动分级为 1，精神状态、感知觉与沟通、社会参与中至少有一项的分级为 0 或 1	半护等级护理
中度失能	日常生活活动分级为 1，但精神状态、感知觉沟通、社会参与均为 2，或有一项为 3；或日常生活活动分级为 2，且精神状态、感知觉与沟通、社会参与中有 1 ~ 2 项的分级为 1 或 2	全护等级护理
重度失能	日常生活活动的分级为 3；或日常生活活动、精神状态、感知觉与沟通、社会参与的分级均为 2；或日常生活活动的分级为 2，且精神状态、感知觉与沟通、社会参与中至少有一项的分级为 3	特殊护理等级

（三）明确评估程序

由社工联系家属确认入住时间，协调做好入住准备，尤其是入住体检。社工收到入住体检之后，递交医生进行入住初审。通过入住初审后老人方能申请正式入住。社工与家属、长者确认初评时间，社工组织评估组进行初评并制订入住适用计划，初评确认后开始计算入住，7 天后进行老人能力评估等级确认，确认入住护理计划并执行。

三、老人能力评估存在的问题与分析

广州市某社区综合养老服务中心进行老年人能力评估工作刚刚开始，一直在不断地进行探索，还存在一些不完善的地方，如评估准则指引缺少具体规范、评估结果的应用不佳等，具体如下。

（一）老人能力评估标准具体指标争议

《老年人能力评估》（MZ/T 039—2013）为院内的评估提供了专业支持和指引，也是非常科学的工具。虽然评估标准具有明确的指标，但由于院内没有评估准则及具体表现的培训，致使不同的评估员对同一指标可能有不同的理解，导致跟家属沟通的时候出现争议。如意识水平的分级，“0”代表能力完好，“1”代表轻度受损，“2”代表中度受损，“3”代表重度受损，但什么是能力完好，什么是轻度、中度或重度无法把握。“时间空间定向”亦是如此。家属往往认为评估员评估严格了，评高了（老人家只是走丢了1次而已，没什么；老人家时间观念不好也正常，记忆力不好而已，并不严重；等等），评估员不能拿出专业的准则予以清晰地解释，出现大的分歧时，甚至沟通无法达成一致。

（二）老人信息搜集不全面的问题

在服务对象评估中，老人信息搜集不全面的问题非常多。首先，老人自身问题，无法清晰表述过往的情况。其次，长者的照顾不一定是由家属承担，或者办理入住的人未必了解老人日常情况。再次，由于评估等级与护理等级、收费标准相关联，如果出现无法入住，或者部分长者或家属故意隐瞒的情况，会导致急于让老人入住或降低缴费标准。加之部分评估员能力的问题等都导致了评估信息的不全面。因此，这样会导致入住适应期间出现很多意外的情况，如家属隐瞒帕金森情况（评估当天吃药）致使评估等级偏低，照顾时间和内容不能满足老人需要导致老人家跌倒，家属长期不在老人身边对老人基础疾病并不了解，入住期间出现疾病反复的情况误以为是院内护理原因导致，等等。

（三）评估结果应用与能力需求存在落差

老年人能力评估师往往倾向于在自己熟悉的、擅长的领域中寻求解决方案。例如，一名曾经是护士的老年人能力评估师在做评估的时候，往往会把重心放在医疗方面，容易造成看问题不够全面，制订出来的照护计划不够专业。[5]在广州市某社区综合养老服务中心也存在类似的情况，护理主管负责制订照顾计划并跟进落实，在实施计划的时候往往倾向医疗护理计划，对生活照顾计划的细节标准、社工计划的部门跟进落实就存在差距。另外，即使评估结果完整，但受到院内服务设施设备、人员流动等原因的限制，经常会出现护理不能满足长者的实际需要。如只有一位医生，轮班的时候或请假的时候医疗需求缺失；护工变动，导致很多护理人员对老人不熟悉，服务质量容易下滑。

（四）评估人员的自身评估中存在不足

目前，老年人能力评估师以女性居多，约占77%。从年龄来看，26～45岁的年轻评估师占65%，很多年轻人愿意加入新的行业，愿意用科学的视角看待养老服务工作。广州市某社区综合养老服务中心亦是如此，除医生外，其他工作人员也都是平均年龄28岁，虽然能用科学的角度评估照顾能力，但是在对老人的了解及沟通等方面就存在不足。目前评估组工作人员都不具备老人能力评估师的资格证书，在拿到自己专业资质以后不参加培训、不参加研修会、逃避困难案例、不读书进修，只是凭借院内经验累计总结，相应工作人员评估能力明显不足：不同专业人员之间评估之后的意见统合形成计划有一定困难；部分工作人员跟家属沟通能力不佳，导致家属误以为工作态度差；由于护理部提成与护理等级收费相关联，导致护理部故意提升老人等级标准；等等。

四、做好广州市某社区综合养老服务中心老人能力评估的建议

（一）加大评估人员的伦理操守教育

老年人能力评估人员的伦理价值观是非常重要的。评估人员的职业操守直接影响了老人能力评估等级、服务收费和照护计划的制订。在养老机构院内一定要制定老人能力评估人员的职业守则，要不断地强化他们的价值观与伦理操守宣导，鼓励并支持他们多参与行业价值观的相关培训，定期检视和讨论阶段性工作内容当中工作人员伦理操守问题，发现问题及时跟进、及时反馈、及时改善。

（二）提供评估员能力水平提高的指引和机会

评估员是经养老服务行业管理部门培训并获得有关机构的资格认定、可从事健康评估服务工作的专业服务人员。[16]老人服务的评估是多维度、跨学科的，养老机构一定要为评估员提供专业技术指引，做好评估准则及具体的操作性指标，并且定期对其进行专业培训，保证评估员知识的更新和技术提高，熟悉老年人特点，掌握老年人能力评估技能，避免出现较大的人为误差。加强多种学科和知识的培训，避免评估员只从自己熟悉、擅长的领域中寻求解决问题的方案，避免评估员看问题不够全面、制订出来的照护计划出现不够专业的问题。

（三）做好长者及家属的沟通，避免争议问题的产生

在开展评估工作时，首先要亲切地向老人表明自己的身份，并介绍评估工作的目的，取得老人的信任和配合，这对于顺利开展评估工作非常重要[5,12]。同为养老机构入住老年人，不同身体能力等级的老年人对各类服务的需求程度具有明显差异[17]，老人的体能、疾病等因素不同，服务能力等级也要有所差异。不同的老人情况可能差别很大，同一种疾病在不同老人身上的反应也不同，一位老人在不同阶段可能对某些问题的反应也不同，

使用科学的评估表等评估工具应让家属理解，以减少纷争。只有这样才能避免养老机构和老人、家属之间因为评估等级带来双方心理的隔阂，不让老人或家属带着不信任感入住养老机构，这样，在日后的护理服务过程中才能相互配合、相互理解与支持。

（四）做好评估结果的应用，让家属更有信心

养老机构可依据评估结论为辖区失能老年人办理护理补贴、安排其居家养老照护服务、入住公办养老机构、配置康复辅助器具、提供康复护理服务以及其他按规定应该使用评估结论的情况。[18]养老机构在设计规划与实际服务中，应始终坚持“满足入住老年人服务能力相一致需求”的原则。消除能力等级与后续护理及相应承诺不一致的现象，把后续各种与评估结果相对应的计划、补贴、专业要素一一对应实现，以让长者和家属对养老机构的服务更有信心。

（五）做好评估改善机制，促进服务发展

对老年人进行科学、定期的能力评估，是开展合理照护服务的基础。养老机构的评估员在评估过程中，如果有不确定的事项，还可以通过《特殊事项记录单》进行记录，便于后期参考。评估师根据评估结果确定护理等级，与老人签订入住协议，并制订相应的照护计划，建议对老人进行定期动态评估，大约每半年一次。要定期根据国家相应行业标准的变化及院内特殊情况完善评估工具，依据各专业的相关标准对老年人生理、心理、精神、经济条件和生活状况等进行综合分析评价工作[22]，只有这样才能更加有针对性地做好护理服务，进一步完善护理计划。

五、小结

对老年人能力情况的科学专业评估是做好护理照顾服务的基础。民政部、行业协会及国内外学者长期致力于构建切合本土国情的评价指标，各养老机构通过客观的量表评价来反映老人的能力情况、评估老人的照顾需

求，为进一步制订服务计划奠定了良好基础。在养老机构的日常实践中，要重视老人能力评估人员价值观、能力的提升，要注意总结经验和教训，不断完善和改善相应的机制、程序及技术，这样才能更好地为老人护理提供依据，提供精准服务，减轻院内护理人员日间照护的压力，为院内甚至行业规划做好准备、提供借鉴。

参考文献：

[1]全国老龄工作委员会办公室.中国老龄事业发展统计报告(2014)[R].2015-03-18.

[2]袁畅,代亚丽,赵洪军.养老机构老年人服务需求影响因素研究[J].护理研究,2014,28(15):1816-1818.

[3]吴玉韶,党俊武,刘芳,等.中国老龄产业发展报告(2014)[M].北京:社会科学文献出版社,2014:77-85.

[4]梁国强,张婉秋.养老机构老年人需求现况及影响因素[J].中国公共卫生管理,2014,30(2):150-151.

[5]田兰宁.老年人能力评估师职业前景分析[J].中国社会工作,2020(26).

[6]中华人民共和国民政部.关于征求行业标准《老年人能力评估》意见的公告(EB/OL).(2013-06-14)(2017-04-06).http:www.mca.gov.cn/article /zwgk/tzl/201306/20130600473269.shtml.

[7]于雨倩.居家养老中老年人的能力评估及影响[J].名医,2017,53(3):92-93.

[8]谢红,王志稳,侯淑肖,等.我国养老服务需求现状及其长期护理服务策略[J].中华护理杂志,2012,47(1):14-16.

[9]朱春燕,郭晴,田庆丰,等.河南省老年人综合能力失能现况及影响因素研究[J].中国全科医学,2021,24(12):1500-1505.

[10]杜宇欣.试点先行背景下我国长期护理保险制度面临的困境及对策:以江苏省南通市为例[J].劳动保障世界,2017(14):29-31.

[11]刘必琴,顾志娥,胡娅莉,等.医养结合背景下扬州市远郊居家老人能力评估与分级护理需求分析[J].齐鲁护理杂志,2019,25(24):45-48.

[12]邹苹,陈萧军.老年人能力评估师“职业化”之后[J].中国社会保障,2020,314(9):68-69.

[13]伍欣.全国政协委员王海京建议让社会组织在老年人能力评估中发挥枢纽作用

[J]. 中国社会组织,2018(6):12.

[14]胡建兵."老年人能力评估师"让养老更趋专业化[N]. 贵州日报,2020-7-15(005).

[15]PILOTTO A,PANZA F. Comprehensive geriatric assessment: evidence[M]//MICHELJ P,BEATTIE B L,MARTIN F C, et al. Oxford textbook of geriatric medicine. 3rd ed. Oxford: Oxford University Press,2017.

[16]丁亚媛,徐冕.《南京市老年人能力评估表》在评估实践中的应用[J]. 全科护理,2016,14(35):3754-3755.

[17]田兰宁. 老年人能力评估基础操作指南[M]. 北京:中国社会出版社,2016:3.

[18]楼正渊,冯晓丽,徐璟,等. 基于能力评估的城市养老机构入住老年人服务需求调查[J]. 中华老年病研究电子杂志,2016(4):17-22.

专业融合性治理

——以社会工作创新基层治理体系的长沙模式

喻 莎 张晓熠①

摘要：2018年，按照湖南省民政厅关于“禾计划”——乡镇（街道）全面建立社工站的整体部署，长沙市民政局高度重视、高位谋划、高速推进，立足社情民意，聚焦民政主责，社工站建设取得阶段性进展和成效。以社工撬动志愿资源，以社工站为平台汇聚专业力量，以社工服务为依托参与社区建设，将专业社会工作融入基层社会治理体系中，有力回应了原有的基层治理体系和当下治理的需要，推进了基层治理体系和治理能力现代化，探索了以社会工作创新基层治理体系的新路径。

关键词：社会工作；社工站；基层治理；专业融合

近年来，经济社会的发展使得基层社会中多元主体兴起、利益分化加剧、居民需求异质，人民日益增长的美好生活需要和不平衡不充分的发展之间的矛盾凸显，原有的基层治理体系和当下的治理需要难以适应。为此，长沙市通过政府购买在街道/乡镇设立社工服务站，积极推进以社会工作创新基层治理体系的实践，积极解决基层治理问题，推进基层治理体系和治理能力现代化。为了对长沙市基层治理创新经验进行总结提炼，长沙市民政局与长沙市社会工作协会于2020年4月组织人员通过走访、座谈和访谈收集相关资料，并对社工站负责人、社工站社工以及社区居民进行问卷调查，回收有效问卷数据710份。调查表明：长沙市通过政府购买和机构营

---

① 喻莎：长沙市民政局慈善与社会工作处处长。张晓熠：长沙市社会工作协会秘书长。

运，将社工站这一新的治理主体引入基层治理体系中；通过纵向对居民的吸纳和横向对其他治理主体的链接，构建了基层治理的多元协商网络；通过社会工作的专业融入、社工—社会组织—社区的三社协同，构建了服务为本的基层治理机制。主体引入、网络塑造和机制构建，形成了以社会工作创新基层治理体系的专业融合性治理。专业融合性治理创新了基层治理结构、完善了社区服务体系、满足了居民美好生活需要，是基层治理创新的“长沙模式”。

一、专业融入创新基层治理体系的具体做法

长沙市推进以社会工作创新基层治理体系的具体做法包括引入新主体、塑造新网络和构建新机制三个方面。

（一）政府购买、机构运营，引入基层治理新主体：社工站

1. 地方政府的制度支持

2018 年 4 月 19 日，湖南省民政厅等 6 部门下发《关于推进政府购买服务加强基层民政经办服务能力的实施意见》（湘民发〔2018〕10 号）；2018 年 5 月 28 日，湖南省民政厅制订了《湖南省乡镇（街道）社会工作服务站项目实施方案（试行）》（湘民发〔2018〕16 号）。根据上级政策，长沙市积极制定本地相关政策，包括《长沙市乡镇（街道）社会工作服务站项目实施办法（试行）》（长民发〔2018〕37 号）和《关于加强基层民政经办服务能力全面建立乡镇（街道）社会工作服务站的实施办法》。上述政策从目标、做法、主体、经费、内容、管理等方面，为社工站创新基层治理体系的实践提供了较为详细的制度支持。

2. 多元主体的资金保障

政府购买社工站的经费包括三方面来源：一是从各区（县/市）社会救助专项资金预算中拨付不超过 2% 的经费；二是长沙市民政局从市级福彩公益金中按照一年一个社工站 4 万元的标准补助；三是各区（县/市）从本级福彩公益金中按照不低于 1∶1 的比例配套资金。多元主体的政府购买方式

有效保障了社工站建设、运行和发展的资金需求。调查数据显示，2019 年，全市社工站平均工作经费为 12.57 万元，其中社会工作专项救助资金 5.12 万元，市级福彩金补贴资金 4.20 万元，区/县级福彩金补贴资金 1.95 万元，其他资金 1.30 万元。

3. 基层政府的场地支持

社工站在基层的落地、融入和运行离不开相应的活动空间和场地。长沙市为了规范建设，要求社工站有固定的办公场地、设施设备，有条件的可设立个案咨询室和小组活动室；要求社工站统一标识，在办公场所显著位置挂设社会工作服务站标牌。实践中，主要由乡镇/街道等基层政府负责为社工站提供必要的办公场地、设施设备和后勤支持。调查表明，城市中的社工站一般多设立在社区居委会，乡镇的社工站一般多设立在镇政府或镇文化站。

4. 机构派驻的专业人员

专业的社会工作者是社工站有效运行的基础与核心，而具有独立性和自主性的社工是专业服务的保障。不同于广东"双百计划"中由乡镇/街道直接招聘社会工作者[1]，长沙市主要通过区（县/市）民政局向专业社会工作机构购买服务，再通过社会工作机构派驻社会工作者到社工站中。长沙市的购买模式中，社工站的社工与政府间是间接关系而不是直接的聘用关系，这能够更好地保证其独立性和自主性，为专业服务提供了保障。政府购买、机构派驻模式，同样能够规避政府直接购买的寻租问题，保障社工站工作人员的专业性。调查数据显示，长沙市社工站中具有社会工作教育背景或社会工作职业资格证书（助理社会工作师、社会工作师）的比例达到 60.9%。

5. 多级购买的服务体系

社工站有效运行不仅需要制度、资金、场地、人员支持，还需要相应的督导、管理和考核等服务体系的支持。长沙市通过"两级三类"购买构建了社会工作专业服务体系，创新了地方和基层社会治理架构。市级层面，长沙市民政局向长沙市社会工作协会购买服务，并由长沙市社会工作协会运营市级层面的社会工作站指导服务平台；区（县/市）级层面，区（县/市）民政局向专业社会工作机构购买服务，由该机构运营区（县/市）社工总站；同时，区（县/市）民政局向专业社工机构购买服务，由其运营该区（县/市）内街道/乡镇社工站。通过“两级三类”政府购买和专业社会工作机构的运营，长沙市构建了“市级指导服务平台—区（县/市）社工总站—街道/乡镇社工站”的三级服务体系。其中市级指导服务平台指导区（县/市）社工总站和街道/乡镇社工站，区（县/市）社工总站指导和考核辖区内的社工站。长沙市通过上述专业服务体系引入社工站这一新的公共治理主体，将专业组织、专业人员和专业服务有效地融入基层治理体系之中。

社会工作参与社会治理创新的组织架构如图1所示。

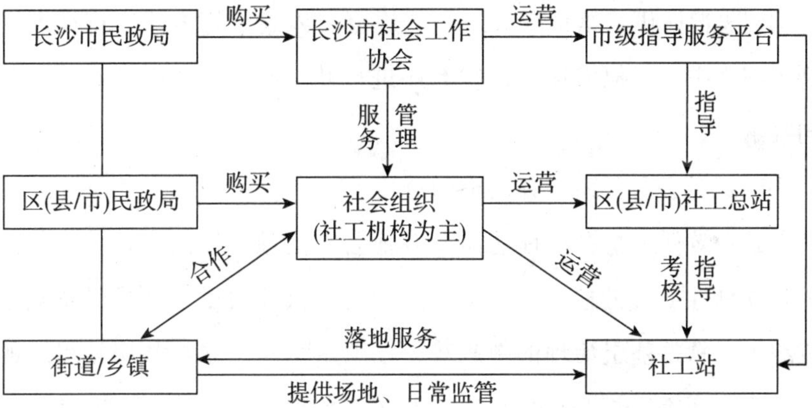

图1　社会工作参与社会治理创新的组织架构

（二）纵向吸纳，横向链接，塑造基层治理新网络：多元协商

1. 社工站对社区居民参与的纵向吸纳

社区居民不仅是基层治理的对象，更是基层治理最为重要的参与主体。但缺乏组织的原子化的社区居民面临参与冷漠和无序参与等困境。社工站这一专业组织融入基层治理体系后，积极通过评估居民需要、构建社会组织等方式积极吸纳社区居民有序参与到社区公共事务之中。一是及时调查，准确评估需求。驻站社工进入基层后，调查当地社会状况、准确评估居民需求，掌握一手材料，了解真实状况，做到有的放矢。调查数据表明，

2019年，每个社工站平均开展居民需求评估23次。二是积极吸纳，构建志愿者队伍。通过积极吸纳社区积极分子，引导他们有效参与社区公共服务，创建了“社工+志愿者”的服务模式。调查数据显示，2019年，每个社工站平均吸纳48个社区志愿者，开展志愿服务活动9次，志愿服务活动时长169小时。三是整合资源，培育和规范社区组织。一方面，积极整合和规范社区文体组织，将社区中的乒乓球协会、登山协会、骑行协会、广场舞协会、夕阳红歌唱协会等文体组织整合为“社区文体超市”，并建立相应的规章制度，促进社区文体组织为社区居民有效服务。另一方面，积极培育社区社会组织，引导居民通过社会组织参与到社区公共治理中。调查数据表明，2019年每个社工站平均培育社区社会组织1个。社工站通过评估居民需要、构建志愿队伍、培育社会组织、规范文体组织等方式，将社区居民整合到组织之中，让他们通过组织有序进行社区参与，实现了对社区居民的纵向吸纳。

2. 社工站对基层治理主体的横向链接

社工站有效促进基层治理还需要其他公共治理主体的支持，与其他公共主体建立良性横向链接，并形成有效的合作伙伴关系。一是坚持党建引领。党组织引领是基层治理的新趋势，社工站积极建立与基层党组织的合作伙伴关系。调查数据显示，52%的社工机构设置有党支部，28.5%的社工站负责人是党员或预备党员。天心区坡子街积极开展“党建引领+社会工作”的基层治理新模式，街道以党群服务中心为阵地，社工站把办公室搬到党群服务中心，大力发展党员志愿者充实服务队伍，提高党员为群众服务的能力。二是强调“政社”协同。街道/乡镇是基层治理最为重要的主体，一方面基层政府为社工站提供场地支持和后勤保障；另一方面，社工站促进基层政府服务功能外包，减小基层政府负担。社工站与基层政府互动频繁、沟通顺畅。调查数据显示，92.7%的社工站表示与基层政府互动很好。三是注重“双社”驱动。社区是社工站专业服务有效落地的基础，一方面社工站需要通过为社区提供服务获得其合法性；另一方面社区需要社工站为社区提供专业化的服务来提升社区治理水平。调查数据表明，

92.6%的社工站表示与社区互动很好。天心区坡子街社工站与各个社区保持密切联系，积极与社区进行对接，一起进行入户走访等工作。社工站还通过专业的手法帮助社区解决了如老年人、青少年等方面的诸多问题。社工站与社区的“双向”互助，有效充实了社区服务，加强了对社区的了解，积累了服务对象的资源。55.3%的社工站也表示与其他治理主体之间建立了平等有效的合作伙伴关系。长沙市的社工站与基层党组织、基层政府和社区之间建立起有效的横向链接关系，为社区多元协商治理奠定了基础。

3. 纵向到底、横向到边的多元协商网络

社工站通过对社区居民参与的纵向吸纳和对基层治理主体的横向链接，建立了纵向到底、横向到边的治理网络，而社工站就是治理网络中的枢纽性节点。社工在构建治理网络的基础上，积极引入多元协商治理理念，将协商民主与治理网络相结合，形成了多元主体的协商网络。在协商议题设置上，社工站通过对各个主体的需求进行充分的调查和评估，将最为重要和急迫的治理问题设置为协商议题。在协商主体引入方面，社工站利用其枢纽性节点的位置，将利益相关的公、私主体都纳入协商之中，通过社工站这一协商平台，进行充分而有效的平等对话、沟通、互动和协商。在协商机制运行方面，社工站由于具有独立、利益无关的专业身份，能够承担起协商治理中的引导者和主持人角色，保障协商规则和协商机制的有效运行。

（三）专业融入，三社协同，构建基层治理新机制：服务为本

服务为本的基层治理新机制在于实现服务专业性、有效性和落地性。长沙市通过社工融入、“三社联动”和多元协同实现了服务专业性、服务有效性和服务落地性，破解了基层服务“最后一公里”难题。

1. 以社工融入实现服务专业性

长沙市在以社会工作创新基层治理体系的实践中，通过组织融入、人员融入、理念融入和方法融入四种社工融入方式实现专业化服务。专业组织融入体现为在长沙市在全市街道/乡镇层面建立社工站159个，基本实现

对全市范围的全覆盖。专业人员融入体现为通过政府购买、社工机构派驻专业社工运营社工站。调查数据显示，长沙市社工站社工共计292人，其中具有社工教育背景或社工职业资格证书（助理社工师、社工师）的人员比例达到60.9%。专业理念融入，指通过专业社工运营的社工站积极参与基层治理，将社会工作的“助人自助”“发掘潜能”“赋权增能”等专业理念和价值引入基层治理中。专业方法融入，指社工站在参与基层治理中积极运用社会工作的个案工作、小组工作、社区工作、社会行政等专业方法，促进服务专业化。

2. 以“三社联动”保障服务有效性

长沙市在一个街道/乡镇设立一个社工站，一个社工站则配备2～3名专业社会工作者。在基层治理体系中，一个街道/乡镇下辖社区/行政村多达十几个，单纯依靠社会工作者很难满足辖区范围内的公共服务需求。因此，长沙市在积极建设社工站、引入专业社工后，还进一步推进三社联动的实践策略，进一步保障基层公共服务的质与量，实现其有效性。社会工作作为三社联动中的支撑，主要表现为社工站这一专业组织作为基层服务平台，社会工作者将专业方法和专业理念运用于基层治理之中。城乡社区是三社联动中的协同治理平台，社会工作需要通过社区这一广泛而深入的自我管理、自我服务组织，将专业服务进行有效传递。社会组织则作为三社联动中的载体，城乡社区居民通过社会组织参与公共治理和自我服务，社会工作者则通过培育社区组织、建立志愿组织和规范文体组织，促进居民公共参与的有序性和有效性，社会工作、社会组织和社区居民都通过社区这一平台进行三社联动，保障基层服务的有效性。

3. 以多元协同促进服务落地性

服务为本的基层治理新机制不仅仅需要保障服务的专业性和有效性，还需要突破公共服务“最后一公里”困境，促进服务有效落地。长沙市主要通过多元协同的方式促进服务落地性。具体来讲，包括政府购买、专业融入、社区协作、组织吸纳、居民参与等具体流程。市、区/县两级政府通过政府购买社会工作服务的方式，将部分公共服务外包给具有专业性的社会工作机构；社会工作机构通过运营社工站和派驻专业社工实现对基层的专业融入；城乡社区作为基层治理重要平台，与社工站建立紧密的协作关系，促进专业服务的有效进行和有效传递；在社工站的培育和规范下，社区组织（社会组织、支援组织和文体组织）吸纳社区居民，将社区居民组织起来，一方面有效参与社区治理，另一方面顺畅承接服务落地；社区居民通过社区各类组织积极参与社区公共治理，自主供给社区公共服务，顺畅承接外部专业服务。在政府、社工、社区、社会组织、社区居民等多元主体的协同参与后，促进了公共服务的有效落地。

二、专业融合性治理的基本成效

长沙市通过引入社工站这一新治理主体，塑造多元协商的治理网络，构建服务为本的机制机制，形成以社会工作创新基层治理体系的专业融合性治理。专业融合性治理的基本成效表现为创新了基层治理结构，完善了基础服务体系，满足了居民美好生活需要。

（一）创新了基层社会治理结构

长沙市的专业融合性治理通过社工融入、服务外包和多元协同，创新和完善了基层社会治理结构。一是社工融入，专业人做专业事。长沙市通过在街道/乡镇设立社工站，同时向专业社会工作机构购买专业服务，由社会工作机构派驻专业社工来运营社工站。通过政府购买促进社会工作专业组织、专业人员、专业理念和专业方法有效融入基层社会。社会工作的专业融入促使基层社会中社工专业人员专门负责基层社会服务，形成专业人做专业事的良性状态。二是服务外包，政府与社区减负。政府科层组织体系中，基层政府是国家行政的末梢，是基层治理有效实现最为重要的组织。但是在压力型体制下，“上面千条线，下面一根针”，基层政府面临“权轻责重”的权责不匹配，负担和压力很大。社区居委会/村民委员会作为基层的自治组织却需要承担大量的行政任务，成为政府的“跑腿”，面临行政化困境，同样压力较大。长沙市通过政府购买，将基层政府和社区的部分社会服务功能外包给专业的社会工作机构，这大大降低了基层政府和社区的负担和压力。同时由专业社工提供的外包服务，社会服务的专业性、有效性和效率均大大提高。三是多元协同，行政、自治与服务的平衡。原有的基层社会治理结构主要表现为基层政府与社区之间的行政和自治关系。当引入社会工作、建立社工站后，将服务带入行政和自治中，建立起行政、自治与服务的三元平衡关系。其中街道/乡镇强调有效行政，社区注重有效自治，社工站的目标是专业服务。行政、自治和服务的三元平衡是基层政府、社工站及社会工作者、社区居委会/村民委员会、社区组织（社会组织、文体组织、志愿组织）等多元主体协同治理的结果。如图 2 所示。

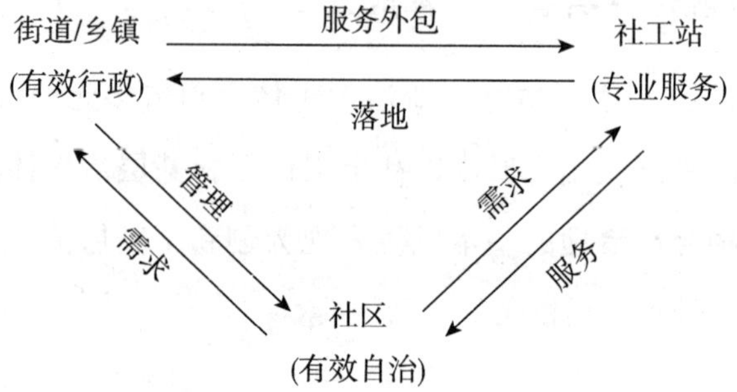

图 2　专业融入后的基层社会治理结构

（二）完善了基层社会服务体系

长沙市的专业融合性治理从体系化、专业化和精细化三个方面完善了基层社会服务体系。一是社区服务体系化。社工站通过吸纳居民参与、链接治理主体，建立起基层治理的多元主体协商平台。社工站通过开展需求评估，制定服务项目，承接政府资源，动员社会资源，保障社区服务体系化。例如，长沙县开慧镇社工站，积极了解社区现状，评估社区需要，为社区中老年人、青少年儿童、社会救助、妇女等对象提供专业服务，涵盖了社区绝大部分困难群体的需要，形成了体系化的社区服务。二是社区服务专业化。长沙市通过建立社工站，引入专业社工，运用社会工作方法，保障社区服务的专业化。例如，望城区社工站积极运用社会工作专业方法提供社区服务，2019 年，社工站累计开展个案 62 个，小组活动 64 个（服务4299人次），社区活动140个（服务10326人次），入户探访5176户，服务8835人次。三是社区服务精细化。社工站的社会工作者通过走访、调查和评估，了解服务地特殊人群的差异化需求，制订具有针对性和特色性的服务计划，保障社区服务的精细化。例如，长沙县乐和社工协会运营湘龙街道社工站、安沙镇社工站和北山镇社工站，积极探索“一镇一品”的特色化、精细化社区服务。其中安沙镇推进新民风，北山镇以儿童服务为重点，湘龙街道聚焦社会救助服务，都卓有成效。

（三）满足了居民美好生活需要

长沙市的专业融合性治理从个体和社区两个层面满足了居民美好生活需要。一是满足社区居民需要。长沙市各社工站根据不同社区需要提供了老年人、社区环保、婚姻家庭、青少年儿童、残疾人、社会救助、志愿服务、培育和孵化社会组织、信访、社区矫正等方面的专业社工服务，满足社区居民多元化和差异化的需要。调查数据显示，85.7%的社区居民表示对社区公共服务非常满意，89.3%的社区居民表示对社区治理状况非常满意。二是提升社区内生资源。社区社会资本是社区重要的内生禀赋资源，而提升社区社会资本是社区治理的重要目标之一。根据帕特南的研究，[2]我们将社区社会资本区分为信任、互惠和关系网络三个维度。调查数据表明，长沙市的专业融合性治理有效提升了社区社会资本。其中，信任维度得分为83.75分，互惠维度得分为83.5分，而关系网络维度得分为81.25分，整体社区社会资本得分为82.83分，社区社会资本达到较高水平。三是重塑社区归属感。社区归属感是评估社区治理绩效最重要的维度之一。[3-4]调查数据表明，专业融合性治理通过提供专业服务，增强了居民的社区认同，进而提升其社区归属感。其中居民社区归属感得分为84.67分，80.7%的社区居民表示是社区内重要的一员，82.8%的社区居民表示在社区有家的感觉，89.3%的社区居民表示喜欢自己的社区，87.1%的社区居民表示为社区感到自豪，86.4%的社区居民表示留恋本社区。

三、“长沙模式”的经验及启示

经济社会的急剧变革需要治理的转型升级，长沙市以社会工作创新基层治理体系，通过专业融合性治理，推进基层治理体系和治理能力现代化。实践表明，社会工作专业融入通过主体引入、网络塑造和机制建构，创新了基层治理结构、完善了基础服务体系、满足了居民美好生活需要，进而促进了基层善治，形成了基层治理创新的“长沙样本”“长沙经验”和“长沙模式”。“长沙模式”的经验和启示包括政府购买、试点推广、专业自主和本地化服务四方面。

（一）政府购买是“长沙模式”的重要推力

“长沙模式”缘起于社会转型中的基层治理困境和问题，以及国家治理体系和治理能现代化对基层的挑战。因此，长沙市通过政府购买社会工作服务，在街道/乡镇设立社工站，并由社会工作机构派驻专业社会工作者运营社工站的做法，开展以社会工作完善基层治理体系治理创新实践。“两级三类”的政府购买是“长沙模式”的重要推力，主要体现为：第一，政府购买是“长沙模式”自上而下发动的初始动力；第二，政府购买是“长沙模式”的资金来源；第三，政府购买决定了“长沙模式”的组织架构。

（二）试点推广是“长沙模式”的实践机制

长沙市以社会工作创新基层治理体系的专业融合性治理，是一项自上而下发起的治理创新政策。一项社会政策的实施和落地需要一定的政策过程，在落实政策过程中应当规避政策风险、评估政策绩效、修订政策偏误。长沙市在执行专业融合性治理这一社会政策时，采取了“试点—推广”的分级、分阶段实践模式，有效地完善了政策内容，规避了政策风险。长沙市首先选出资源禀赋和治理条件较好的街道/乡镇作为一期试点，总结经验后进行一定范围内的推广作为二期试点，再次总结经验后全面铺开。其中首先试点的社工站成为专业融合性治理的3.0版本，一定范围内推广的社工站成为专业融合性治理的2.0版本，全面铺开后的社工站成为专业融合性治理的1.0版本，并在经过一段时间的发展后，将所有的1.0版本的专业融合性治理转型升级为3.0版本。长沙市通过“试点—推广”的实践机制，促进“长沙模式”分层分级逐步执行，进而实现了有效落地。

（三）专业自主是“长沙模式”的根本保障

购买社会工作服务、建设社工站、派驻社会工作者是“长沙模式”中社会工作参与基层治理的三个基本做法，其目标在于将社会工作的专业组织、专业人员、专业方法和专业理念有效地融入基层社会治理结构和体系之中。可以说，社会工作的专业参与是“长沙模式”的核心，而社会工作有效发挥其专业效力的关键是具有独立性和自主性。[5]“长沙模式”中社会工作的专业自主性是通过“双重委托-代理”的间接购买模式来实现的。政府向社会工作机构购买服务，而社工站由社会工作机构派驻专业社工来运营。社工站及其社工不与政府发生直接的“委托-代理”关系。政府间接购买形成社会工作的专业自主是“长沙模式”的根本保障。

（四）本地化服务是“长沙模式”的关键要素

无论是社会工作实践还是基层治理，本质上还是做“人”的工作。因此，语言、文化、习俗、规范等地方性知识对于社会工作者参与基层治理具有重要影响。如果不能很好地理解当地的方言、习俗、规范等地方文化，社工介入和治理实践将可能面临“文化识盲”问题[6]，进而导致治理失败。而本地化是破解上述问题的重要方法。长沙市积极推进社会工作机构本地化、社会工作者本地化和社工站工作人员本地化的“三个本地化”策略。调查数据表明，长沙市积极培育本地社会工作机构，全市143家社会工作机构中本地培育社会工作机构124家，所占比例高达86.71%。社工站的社会工作者和工作人员中长沙本地人所占比例高达83.11%，除长沙以外的湖南本地人所占比例为13.8%，总计比例高达96.91%。长沙市通过本地化策略避免了文化识盲问题，以本地化服务促进了“长沙模式”的有效落实。

参考文献：

[1]陈天祥，郑佳斯. 把政府带回来：政府购买服务的新趋向[J]. 理论探索，2019(6):13-19.

[2]罗伯特·D. 帕特南. 使民主运转起来：现代意大利的公民传统[M]. 北京：中国人民大学出版社. 2017.

[3]陈鹏. 城市社区治理：基本模式及其治理绩效：以四个商品房社区为例[J]. 社会学研究，2016，31(3):125-151.

[4]郑永君. 社会组织建设与社区治理创新：厦门市"共同缔造"试点社区案例分析[J]. 中国行政管理，2018(2):46-52.

[5]王诗宗，宋程成. 独立抑或自主：中国社会组织特征问题重思[J]. 中国社会科学，2013(5):50-66.

[6]古学斌，张和清，杨锡聪. 专业限制与文化识盲：农村社会工作实践中的文化问题[J]. 社会学研究，2007(6):161-179.

治理茶座

党建引领构建精神康复者的社区支援服务网

俞昭玥　綦峥峥　吴　燕　易松国[①]

摘要：深圳市鹏星社会工作服务社党支部始终牢记和践行守初心、担使命、听民心，带领机构党员、积极分子和其他社工全心全意为群众办实事。在机构党支部指导和支部书记的统筹下，深圳鹏星驻龙岗区南湾街道精神卫生社工党员带领团队以“解民忧、出实招、亮硬招”的专业服务，扎实推进“我为人民群众办实事”实践活动。以“管理与服务并轨运作模式、‘复元＋社会治理’服务模式、六个化操作模式”，用专业整合服务搭建起精神康复者的社区支援服务网，提供自我增能、家庭融合、社区融入的平台，推动精神康复者在社区康复和积极促进融入社会，受益人数达600余人。

关键词：党建引领；精神康复；社区康复

一、办实事，织密“兜底保护网”

（一）用“脚力”丈量温度

鹏星驻南湾街道精神卫生社工通过登门走访、手机/网络视频、电话/微信/短信沟通等多样化的方式靶向聚焦，主动见面交心，详细了解与关心精神康复者的服药治疗、居家康复和工作生活等情况，走出“深度”、访出“热度”、加深“亲密度”。经常有精神康复者或者家属深受感动，为社工赠送感

---

① 俞昭玥：深圳市鹏星社会工作服务社南湾街道精神卫生社工。綦峥峥：深圳市鹏星社会工作服务社服务副总干事。吴燕：深圳市鹏星社会工作服务社南湾街道精神卫生社工团队督导。易松国：深圳大学政府管理学院社会学系教授。

谢信、锦旗。“小俞，为你定制了一面锦旗，聊表心意！这三年来真的很感谢你，感谢你们一路的呵护，让我们在阳光下慢慢变老，一切尽在不言中。”

（二）用“聚力”多元康复

精神卫生社工作为个案管理员，以需求为导向，为病情易复发、家庭关系紧张等有需求的精神康复者和家属提供个案管理服务，与精神科医师、社区精防医生、心理咨询师等组成多元化团队共同制订和实施个案管理服务计划，为个案提供个体化、专业化、持续化的社区服务，提供个案随访、复诊联络、药物管理等，确保个案管理服务的有效性、稳定性和持续性。例如，个案小敏（化名），三年内病情间断复发而住院四次，与父母关系紧张。家人照顾压力大，一度想要送小敏到精神专科医院长期住院。精神卫生社工介入小敏家庭后，作为个案管理员，为个案提供药物管理、陪同复诊、职业康复训练、家庭心理健康教育等，在三年的个案管理服务中，小敏目前可以自行复诊取药、规律服药，期间未病发住院，能坚持前往职康做康复训练，家长高兴地说：“小敏现在进步很大，感谢社工的耐心用心付出。”

（三）用“社力”推动融入

南湾街道精神康复者在社区康复治疗过程中，病情基本稳定后对就业等融入社会的需求越来越大，但是精神康复者在就业面前受污名化、社会功能退化、家属担心监护不到等频频受阻。精神卫生社工运用社会力量来挖掘整合社区康复资源，通过为社区有劳动能力的康复者挖掘手工资源，让康复者在家就能进行就业训练，实现康复者的人生价值和取得可观的经济收入，有效缓解了家庭的经济压力，推动部分精神康复者在社区实现辅助就业工作。

二、解难题，强化“政策保障网”

（一）主动出击，有针对性地解难点

在疫情重点防控期间，宅家就是对疫情防控最大的贡献。但是药量不

足、无法外出购买药物等难题摆在了精神康复者和家属面前。为保证精神康复者服药不间断，南湾街道精神卫生党员社工们迎难而上，主动和社康医生经多次充分沟通，为已申请《严重精神障碍患者服药补贴项目》的精神康复者取药问题实施应急预案，通过分区、分类满足在深、在老家康复者的取药需求。对在深康复者采取分散分流到指定社康取药、“五位一体”关爱帮扶小组送药上门等精准化服务。

“我吃的药过几天就没了，因为疫情的事情没那么快回去，这边也封路了，到时候可不可以帮我寄药?”精神康复者的需求，就是党员社工服务的最大动力。对在老家的经济困难、出行不便的 18 名康复者，统一采取快递寄送药物服务，统一支付运费，缓解此类精神康复家庭的经济压力。党员社工和团队其他社工一起参与诊疗和药品发放工作，是基层社会治理的一项重要工作内容，通过为服务对象提供点算药物、协助取药、复诊联络等，扩大了服务的广度和深度，在联动方面和服务方面发挥着至关重要的作用。

（二）密切联动，有效性疏堵点

面对辖区精神康复者出现病情复发、伤害自身、危害他人安全的行为或危险的疑似或确诊精神障碍精神康复者时须进行现场处置的情况，南湾精神卫生社工团队在党员社工的带领下制定详细的工作流程，规范应急处置工作。精神卫生社工收到精神康复者病情复发的消息，第一时间通报“五位一体”成员及时快速联动到达现场处置，以保护人民群众的生命财产安全为首要目标，同时力争保护好康复者本身合法权益，各成员单位各司其职，及时、快速将发病精神康复者送院治疗。例如，精神康复者小铭（化名）的母亲向党员社工求助，小铭在家出现砸物（电脑、玻璃碗等）等情况难以控制，家里碗、玻璃等碎渣满地。小铭母亲前往阻拦时，他想要持拳头打母亲，母亲躲在卧室不敢出门。党员社工与社区“五位一体”成员上门家访精神康复者和家属，经评估，小铭目前病情波动，家属无力支付住院费用，经向区级报备同意将康复者送往精神专科医院住院治疗。小铭出院后，党员社工向康复者和家属提供药物管理、服药指导和家庭教育，目前小铭和家属都认识到药物管理的重要性，定期前往指定医院复诊和取药。小铭母亲发微信说："感谢党员干部和社工同志们，谢谢你们。"

三、送温暖，共筑"社会关爱网"

（一）党建引领专业服务，促进服务融合

机构党支部、南湾党员社工组织、精神康复者和家属参访深圳市中共党史教育基地，一同学习深圳改革开放史，不忘老一辈的精神和付出的努力，传承先辈"拓荒牛"精神；邀请精神康复者和家属参加多场DIY永生花、鲜花篮、微景观等，感受鲜花的生命力、汲取大自然的力量；组织精神康复者和家属观看党史视频，回顾党的发展历史，珍惜来之不易的幸福生活；观看爱国教育电影《攀登者》，感受登山队员舍生忘死、顽强拼搏攀登的艰难。有康复者深有感触地说："党员身先士卒，敢于担当，带头冲锋。一个民族的复兴、国家的强盛，需要所有人向着同一目标努力攀登！我们也要一起努力实现康复的攀登。"

同时，党员社工亮身份，开展多种形式的慰问活动。党员社工始终关注辖区特殊群体在疫情中的困难和需求，帮扶重点困难患者，参与困难群体救助帮扶，急困难人群之所急。为多方满足困难群体的需求，提升困难群体抗击疫情的能力，机构党支部和党员社工链接爱心企业，对疫情防护不力或家庭贫困患者家庭发放防疫物资（口罩、洗手液）、生活物资（米油）数百份，编织起更大、更密、更有温度的关爱网。疫情的阴霾与疾病带来的伤痛，在关爱网的覆盖下，服务对象绽放了久违的笑容，亲手写来感谢信，是肯定，是赞许，也是各位党员社工不懈的动力与追求的硕果。

（二）创新"云"康娱服务，拓宽服务方式

机构党支部联动社工团队，借助"云平台"优势，创新"云服务"内容，以趣味性强、互动性强、康娱性强的"云活动"，如线上居家挑战赛、

心理健康微课、我画你猜、趣味厨房等——传递居家战“疫”正能量，增强居家战“疫”凝聚力，得到了康复者和家属的一致好评。

（三）开展社区宣导服务，转变思想观念

为推动南湾街道辖区内精神健康宣传，呼吁社会大众关注心理健康，大力培育自尊自信、理性平和、积极向上的社会心态，形成理解、接纳、关爱精神康复者的良好氛围，机构党支部与社工团队联合进社区、进企业、进学校，开展社区宣导服务，现场设置心理减压测试、精神健康政策宣传等，增强居民对自身心理健康的关注，积极推动社区精神卫生工作的发展，共建人人尽责的社会治理共同体。

（四）搭志义工服务平台，促进互助融入

搭建义工服务平台是精神康复者预防、治疗、康复的有效形式。一个义工服务平台形成一个完整的服务闭环时，能够有更多机会挖掘精神康复者的潜力，发挥康复者的优势，提升康复者的自我效能，扩大康复者的社交支持网络等。机构党支部和社工团队以服务对象的需求为导向，开展精神康复志愿者服务，以“培训—实践—指导—融入”的模式，搭建友好、和睦、学习的平台，通过培养自主愿意加入志愿者服务的精神康复者成为“领袖”“带领者”，带动社区精神康复者搭建自助互助的社会支持网络，为融入社会和就业过渡做好充分的准备。例如，为缓解精神康复者取药难的问题，南湾精防社工团队以“社工＋义工”双工联动的模式，邀请部分康复者参加精神康复者义工服务项目，精神卫生社工团队指导康复者义工协助做好指引、查找和递送已配好的药物袋等服务，部分义工“领袖”充当情感支持者，为有需要的精神康复者提供支持和帮助，精神康复者义工服务项目有效缓解了部分康复者渴望沟通交流、参与社会服务的机会，进一步巩固了精神康复者的社会支持网络，增强了自我效能感和社区融入。

志愿服务

构建高质量有活力的社区志愿服务体系

——来自广东省佛山市南海区的调查报告

谭建光　黄咏霓　郭绪文[①]

摘要：改革开放以来，广东省佛山市南海区率先探索和发展志愿服务。20世纪80年代，一些港澳同胞回乡探亲的时候，发起组建“佛山义工团”，吸引禅城区、南海区的一些人参与，出现志愿服务的雏形。20世纪90年代中期，共青团中央发起“中国青年志愿者行动”，成立中国青年志愿者协会以后，共青团南海区委积极响应并成立“南海区青年志愿者协会”，后来更名为“南海区义工联（志愿者联合会）”，以便吸纳更多年龄层次的人士加入志愿组织。当时的南海区，市场经济发展较快、社会结构转型较快，特别是农村城市化和社区生活变迁的快速转变，使得人们对于社区志愿服务的需求越来越强烈、越来越多样。为此，南海区一方面响应党和国家的号召，积极探索具有活力的社区志愿服务体系；另一方面适应城乡群众的需求，着力构建功能多样、富有实效的社区志愿服务体系。

关键词：社区志愿服务；“铁三角”模式

中宣部常务副部长、中国志愿服务联合会会长王晓晖同志在中国志愿服务联合会第二届常务理事会第二次会议的讲话中指出，志愿服务要进入高质量发展阶段，“从‘数量追赶’转化为‘质量追赶’，着力把快速发展的数量优势转变为不断增强的质量优势”。因此，高质量发展、激发生机活

① 谭建光：教授，中国志愿服务联合会理事，广东省社工与志愿者合作促进会会长。黄咏霓：广东省社工与志愿者合作促进会副总干事，广州市智荟青年社会组织发展中心理事长。郭绪文：广州市智荟青年社会组织发展中心总监。

力、构建志愿服务体系，成为未来一段时期的重点工作。我们认为，志愿服务体系的含义，就是志愿者在参与服务社会、帮助他人的行动时所构建的组织、实施、传播、保障等机制的总和，具有科学性、系统性、有效性、活跃性、创新性、成长性等特征。南海区作为率先发展志愿服务、积极探索志愿服务体系构建的地区，较早形成了政策制度与体制机制。2020 年，佛山市南海区文明委印发《佛山市南海区推进高质量志愿之城建设实施方案》，提出："推动佛山市建成兼具制度化、信息化、专业化、常态化、国际化的高质量'志愿之城'，在全国'志愿之城'试点城市建设中居于前列，推动南海区志愿服务走在全市乃至全省前列，为开创新时代南海高质量发展新局面贡献志愿力量。"广东省社工与志愿者合作促进会、广州市智荟青年社会组织发展中心深入南海区，开展社区志愿服务体系建设的调查研究，现整理文献资料和调查材料，撰文提供各地区参考交流。

一、探索构建社区志愿服务的"铁三角"

进入新时代，围绕志愿服务高质量发展的要求，南海区探索社区"志愿组织、志愿阵地、志愿项目"相互补充、相互支持的"铁三角"模式，取得可喜的成效。南海区团委、组办、文明办、民政局、义工联等印发的《2020 年度佛山市南海区星级志愿服务社区评选办法》提出："推进志愿服务资源向社区聚集，规范社区志愿服务管理，增强社区志愿服务力量，孵化社区志愿服务品牌项目，培育社区志愿服务先进典型。"从纵向看，探索建立"区—镇（街道）—社区"三级志愿服务管理机制，努力构建"上下联动、运行高效、流程规范"的志愿服务体系，进一步畅通志愿服务资源、项目、人员流动渠道。从横向看，打通社区各方面的资源，将党建引领、文明实践、社区治理、民生保障、生态环保等各项工作与志愿服务相联系，促进组织、阵地、项目的丰富和深化。

（一）以志愿组织为基础

南海区志愿服务组织的发展，经历过从学校到社会、从机关到社区的变化。最初，较多志愿者，尤其是青年志愿者来自机关、学校、事业单位等，进入21世纪之后，伴随社区治理活跃、居民参与踊跃，逐渐增加大量社区老年、妇女、中青年的志愿者。目前，南海区有注册志愿者39.1万名，备案志愿服务组织2352余支，其中60%以上活跃在社区。同时，建立“牵手服务”“联动服务”机制，鼓励和支持机关党员志愿服务队、学校青年志愿服务队、企业员工志愿服务队等深入社区结对服务。目前，南海区志愿服务组织在社区体系发挥的基础作用，体现在以下几个方面。

一是各类志愿组织的活跃，促进社区志愿服务兴起和发展。不论是党员志愿者队伍，还是社会特色志愿者队伍，很多成员都是居住在社区，为社区推广志愿服务发挥带头、示范作用。

二是社区志愿组织起到“内外连接”的积极作用。志愿者队伍凝聚了居民“做好事”“献爱心”的各项行动，形成社区中的良好风气；同时，社区志愿组织与社会各类志愿组织联系与合作，吸引不同的资源，促进社区志愿服务发展繁荣。

三是社区志愿组织成为建设和管理阵地、实施和创新项目的主要力量，使得志愿服务真正能够在社区“落地生根”，发挥积极作用。因此，在“铁三角”的体系架构中，社区志愿组织发挥着非常重要的基础性作用。

（二）以志愿阵地为支撑

南海区最早建设社区志愿服务阵地，从早期探索建立社区青年志愿服务站、社区义工站等，到现在建设了不同类型的志愿服务阵地系列。这之中既有党群服务中心、新时代文明实践站点、七一空间的志愿服务阵地，也有志愿V站、志愿基地等阵地，还有依托幸福苑、创益园、读书驿站、青工驿站、创思驿站等开展社区志愿服务的阵地，等等。这些社区志愿服务阵地发挥的支撑作用体现在多方面。

一是让志愿服务在社区“扎下根来”。以前，各种关爱互助服务、社区治理服务都是开展一两次，因为缺乏阵地而无法聚集志愿者、吸引群众，难以持续推进服务。南海区建设各种类型的站点之后，这些志愿服务就逐渐常态化开展，不断持续和推进，有利于帮助群众解决问题、改善生活。

二是让社区志愿组织有"家园"。志愿组织的吸引力在于合作与沟通，不断丰富服务、创新服务。原来缺乏阵地的时候，志愿组织成员难以聚集交流，有时候会去到志愿者的家中进行沟通交流，非常不方便。建立社区志愿服务站、志愿V站等之后，志愿者就有了"家园"，经常聚集讨论创新服务，也交流服务体会，甚至有些志愿服务站点会开展志愿者"家乡菜"活动，邀请志愿者利用休息时间分享特色菜肴，增进彼此感情，增强志愿组织的吸引力、凝聚力，提升志愿者参与志愿服务的热情。

三是提供社区志愿服务培训辅导基地。目前，南海区很多社区的志愿服务站点，还成为培训辅导的基地。有时候是邀请专家学者来到站点，为志愿者提供专业督导，解决服务中遇到的困难与问题。有时候是志愿者骨干参加培训回来，在站点与志愿者分享知识技巧，提高关爱和帮助社会人群的能力水平。最近还有在站点开展志愿服务书籍分享活动，挑选一些专业志愿服务知识读物，阅读之后在站点交流如何运用到社区志愿服务之中。

调查发现，伴随南海区社区志愿服务阵地的普遍建立，志愿组织都能"扎下根来"，服务工作越做越好。

（三）以志愿项目为重心

南海区的志愿者认为，社区志愿组织和社区志愿阵地建立之后，最重要的是设计和实施志愿服务项目。因为，如果没有服务项目，或者项目不切合群众需求，不符合社区实际，往往就难以赢得干部群众的欢迎，也就缺乏生命力。为此，近年来，南海区通过"志愿之城"建设、志愿者学院建设、志愿服务项目评审、志愿服务项目督导等，不断提高社区志愿者开展项目服务的水平，惠及广大城乡群众。尤其是通过项目的实施，关爱和帮助社区群众。

一是策划多样化、有实效的服务项目，重点是帮助特殊困难群众，如助老、助残、助困以及为新市民子女提供关爱服务等。特别是结合南海区外来人口增多的状况，开展文化融合、生活融合的志愿服务项目，产生了良好的社会效果。

二是通过项目实施让志愿组织焕发活力。志愿组织提高凝聚力、增强生命力，就需要开展丰富多样的服务项目。南海区的社区志愿组织，通过积极参加志愿服务大赛、公益创投、慈善创投、文明实践项目评审等形式，设计和实施有特色亮点、受群众欢迎的服务项目。如里水金峰洲社区借助一次社会化动员体系项目获得3000元经费的契机，开展社区公益创投大赛，动员每个小区发动居民组建自治队伍，通过项目创投比赛的宣讲会、项目书设计培训、骨干志愿者服务技巧培训等，培育了10支队伍，各支队伍在骨干志愿者带领下，完成创投大赛，顺利开展活动。这样充分激发了志愿者的积极性、充分发挥了志愿者的创造性，也保持了志愿组织的生机活力。

三是通过项目实施激活志愿服务阵地。南海区的社区志愿者说："有阵地，也要有人气。"开展类型多样、群众喜欢的志愿服务项目，就能够吸引越来越多的居民、村民、外来人员到志愿服务站、志愿V站体验服务、获得帮助；包括老人前来聊天、按摩，残疾人坐着轮椅来接受关心和服务，老人和妇女来参加各种兴趣班学习等。尤其是南海区将许多社区志愿服务站点设置在"老人之家""文体站""康乐园"等场所，特别贴近群众，便于开展服务，各类志愿服务项目都受到群众的欢迎。

南海区推进社区志愿服务体系建设中，特别重视构建"组织、阵地、项目"的"铁三角"架构。以培育和发展社区志愿组织为基础，不断吸引不同年龄、不同阶层的群众参与，形成社区良好的志愿服务氛围。以建立和巩固社区志愿阵地为支撑，形成社区志愿服务站、小区志愿服务点以及各类志愿服务"广场基地""大院基地""驿站基地""景点基地"等，让志愿组织有地方、有场所开展服务和交流学习。以设计和实施志愿服务项目为重点，针对特殊困难群体实施关爱服务项目，以适应广大群众需求开展邻里互助项目，让志愿组织有越来越多的服务内容，让志愿阵地有越来越活跃的落地项目。这样，南海区志愿服务的"组织、阵地、项目"就形成了相互促进、良性循环。

二、持续激活社区志愿服务的“铁三角”

南海区适应发展要求、顺应群众需求，不断发展社区志愿服务的组织、阵地和项目。同时，通过政策引导、资源支持等促进志愿服务“铁三角”创新活跃、富有活力。

（一）社区志愿组织有凝聚力

南海区在建设和发展志愿服务组织的时候，非常注意解决“挂名队伍”和“僵化队伍”的问题。以前有些社区应付上面的要求，一下子就建起“党员志愿服务队”“青年志愿服务队”“民兵志愿服务队”等十多支队伍，但是仅仅是将社区工作人员和居民的名字填写上去，没有建设实际运行的团队。还有，有些社区一开始呼啦啦建起许多志愿服务队伍，也拉来很多人报名登记，但是极少开展服务活动，逐渐缺乏凝聚力，名不副实。因此，南海区推进社区志愿服务体系建设，就尽量避免这些问题。在发展社区志愿服务组织的时候，紧抓住“关键要素”，将组织“建好做实”。

一是“头雁”引领志愿组织。南海区的特点就是村居书记积极关心、支持和参与志愿组织及其服务活动。从2010年开始，南海区就积极探索和推广党员志愿服务，并且鼓励乡村社区党组织带头开展志愿服务、组建志愿者队伍。在2013年开展群众路线教育的时候，南海区的党员志愿服务成为全省的试点地区，总结经验并宣传推广。因此，南海区的很多社区书记担任党员志愿服务队的队长，并且发动和鼓励社区群众建立多种志愿服务队伍。特别是2018年以来开展新时代文明实践中心建设试点工作，各个社区书记都担任文明实践志愿服务队队长。如丹灶镇仙湖社区在党委书记的推动下，建立“星火驿站”党员志愿服务基地，建设“星火邻里”志愿服务队，党员带动群众参与志愿服务，营造社区友爱互助的良好氛围。西樵镇樵华社区党委书记支持和推动“红根大叔”服务队发展，鼓励党员带动群众参与志愿服务。在这些社区书记的带领和推动下，社区志愿服务组织越来越多、日趋繁荣。

二是“种子”带动志愿组织。南海区特别注重发掘社区志愿组织的“种子”，即优秀的志愿组织负责人和骨干。一方面，在社区的党员、团员、老人、妇女中挑选优秀的志愿者，作为各类志愿服务团队的负责人或者骨干。如原桂城街道平西社区党委委员、社区妇女主任何佩文，配合社区书记发动群众组建10多支志愿者队伍，开展关爱老人、儿童、残疾人以及妇女互助、环境治理的服务，为社区赢得“全国最美志愿服务社区”的荣誉。丹灶镇的“潘氏三姐妹”带头并吸引周围群众参加社区活动，2014年，她们成立了“潘姐工作坊”，发动社区党员群众参与邻里互助、志愿服务等活动。虽然三姐妹年事已高，但她们一直坚持给孤寡老人做家务、在慈善月里帮忙募捐、清扫街道、当交通劝导员……几乎丹灶的所有志愿服务活动中，都能看到潘氏三姐妹的身影，包括组建社区志愿者队伍，关心和帮助外来务工人员，做好关爱流动儿童的服务，等等。另一方面，加强对志愿者骨干的培训辅导，提高组织建设和管理素质。南海区建设区、镇两级的志愿者学院体系，颁布《关于印发〈佛山市南海区星级志愿者导师体系建设管理工作方案（试行）〉的通知》，建立各类讲师团、督导团，帮助社区志愿者骨干解决困难问题、提高服务水平。这样，志愿者“种子”逐渐成长，具有了发展壮大社区志愿组织的能力。

三是“回馈”壮大志愿组织。南海区是最早探索社区志愿者回馈激励的地区，一方面借鉴深圳、广州等地的经验，建立“五星级”志愿者认定和激励制度；另一方面探索多样化的社区志愿者奖励、嘉许、回馈、激励方式。如建立“爱心商家”联盟，为“三星级”以上的志愿者在购物、饮食、文化休闲、旅游出行等提供优惠；还有每年举办“南海义工（志愿者）文化月”，利用12月的多个周末时间对优秀志愿者进行奖励和宣传，也扩大在社会的影响力。目前，南海义工文化节已成为南海区标志性的年度公益盛宴，也成了南海志愿服务事业的名片。义工文化节通过发布最新志愿服务动态、开展义工嘉许礼、设置各类与市民互动的志愿服务摊位体验、开展志愿服务交流研讨会、志愿服务技能大赛、志愿服务户外宣传活动，以及围绕党政中心工作开展青少年主题志愿服务体验活动等方式，致力于在南海区营造“有内涵、有魅力、有情怀”的志愿服务文化，坚持以“服务义工、激励士气、凝聚人心、提升形象”为核心，大力传播、推广区内优秀项目，鼓励团队间交流学习、不断自我优化。义工文化节每年嘉许志愿者及组织超过3000个，在社会上激励、带动更多人关注和参与志愿服务，在民间引起较大的反响。这样，不仅仅志愿者有荣誉感和自豪感，而且让越来越多的居民、村民以及外来人员了解志愿服务、喜欢志愿服务。

四是“牵手”联动志愿组织。南海区在推动社区志愿组织发展中，特别注重“牵手有爱”的联动方式。市区、镇街的社会志愿组织、专业志愿组织发展较好，就深入社区与居民志愿组织结对，共同设计项目和开展服务，实现专业知识和技能的共享。这样，通过一两年的“牵手有爱”联动服务，专业志愿组织就把社区志愿组织的骨干培养起来，让社区志愿组织具有自我发展的能力。

五是“社工”提升志愿组织。南海区从2003年就探索在镇街志愿服务中心引入专业社工管理和协调，2012年面向社区、农村建立社工站，并开展“社工 + 志愿者”联动服务的机制建设。因此，很多社区都有专业社工联系和协调志愿者队伍的服务，帮助建立规章制度、建立服务规范，帮助沟通志愿者和服务对象并安排有序服务，帮助整理志愿者队伍的服务资料并总结提升，等等。这样，社区志愿组织的发展更加规范有序、专业有效。目前，全区有4300多名持证社工，其中在社工机构等有1000多名专业社工。全区39.1万名志愿者推动社会治理与社会服务，其中有6万余名党团员志愿者。以“党团员 + 志愿者 + 社工”工作模式为重要抓手，积极发动志愿者投身社区民生改善和环境建设。调查发现，南海区在推动社区志愿组织发展的时候，既重视居民、村民志愿者队伍的建设，也重视运用各种资源，包括专业志愿组织与社区志愿组织结对、专业社工与社区志愿组织联动等，促进社区志愿组织具有自主发展、持续服务的能力，成为社区关爱服务、治理创新的活跃力量。

（二）社区志愿阵地有活跃度

社区志愿阵地既要“建”也要“用”，特别是要保持活跃性、有效性。

南海区把握社区发展特点和群众生活需求，运用多种方式建设“有用”的志愿阵地。

一是“合力共建”志愿阵地。南海区在推进社区志愿服务工作的时候发现，志愿服务不能够“单打独斗”，应该融入各项工作之中。同样，志愿阵地也要积极融入其他的社区阵地，不强求“单独”和“独立”。因此，很多社区是在党群服务中心、社区服务中心里面建立“志愿服务站”“志愿者工作室”“创益屋”“爱心角”等，提供社区志愿者开展服务和交流沟通。这些社区中心、党群中心的志愿站点，得到组织部门、宣传部门、民政部门、团委等的支持，也获得了各种服务设施、服务资源。

二是“志愿V站”品牌辐射。南海区学习借鉴北京市“蓝立方”志愿驿站、广州市“西关小屋”志愿驿站、深圳市“U站”志愿驿站等的经验，探索建设“志愿V站”，突出的特点就是小型、灵活、实用。目前，全区建设47个志愿V站以及636个学雷锋志愿服务站点。因此，很多社区都参照志愿V站的方式，建设社区志愿服务特色站点，如仙湖社区的“星火驿站”、樵华社区的“红房子”党群服务中心志愿服务站点等。这些作为“志愿V站”品牌系列的各类社区志愿站点，都具有突出特色、突出服务、突出文化的共通性。

三是“妈妈工坊”深受欢迎。南海区在各个社区发挥优秀志愿者、爱心人士的特长，建立各种贴近群众、富有活力的服务站点，如“好人工作室”“妈妈工坊”“爱心大叔驿站”等。如桂城凌送军的“军哥好人工作室”、丹灶“潘氏三姐妹”的“潘姐工作坊”、樵华社区的“根叔好人工作室”等。这些以群体或个人命名的社区志愿服务站点，具有群众熟悉、吸引力强的特点，更加容易发动和激励居民参与志愿服务。

四是“读书驿站”弘扬公益。南海区图书馆配合公共文化推广，服务基层群众，在全区的各个社区建立“读书驿站”，在提供新书阅读、提供知识分享的同时，也成为志愿者交流聚集，商议和开展服务的好去处。因此，很多社区的“读书驿站”兼有志愿站点的功能，既开展阅读交流的志愿服务，也吸引志愿者在这里设计和推广各类社区志愿服务。

五是“实践站点”普及志愿。南海区开展新时代文明实践中心建设试点工作以来，已建成新时代文明实践中心 1 个、所 7 个、站 288 个、点 580 个，形成了穿“珠”成“链”、连点成片的文明实践阵地格局。新时代文明实践工作以志愿者为主体力量，以志愿服务为主要活动形式。因此，几百个村居的文明实践站、文明实践点成为志愿者开展服务、学习交流的新场所。调查发现，南海区没有局限于单一的志愿阵地建设思路，而是开拓思维、多样创新，形成形态丰富、特色各异的社区志愿服务站点，体现出活跃性与实用性，呈现了良好的发展势头。

（三）社区志愿项目有创新性

南海区在发展社区志愿组织、建设社区志愿阵地的同时，非常重视推动社区志愿服务项目的发展和创新，为居民和外来人员提供关爱和帮助，为营造和睦美好生活环境提供服务。近年来，志愿服务项目获得全国志交会奖项、省益苗计划示范项目以及其他各种奖项，并且越来越多延伸到社区、落地到社区，惠及群众、造福群众。

一是“红根志愿”系列项目。作为改革开放前沿地区的南海区，在社区志愿服务发展的时候，也非常重视传承党的全心全意为人民服务宗旨，打造富有特色与活力的“红根志愿”系列项目，即党员志愿者带头示范，并吸引群众参与，传递党的关怀和温暖的志愿服务项目。最突出的是樵华社区的“红根大叔”志愿服务，以共产党员黄伍根为发起人，体现“入了党、当过兵，一颗红心为人民”的理念，长年累月开展关爱孤寡老人、困难残疾人的服务；带动亲子家庭和青少年开展邻里互助、环境保护的服务。同时，南海区机关党组织、事业单位党组织、企业党组织都带领党员志愿者队伍“结对”社区，与社区志愿者一起做好帮困助弱、邻里互助的服务。如今，“红根志愿”逐渐兴起和发展，也成为新的特色品牌项目。

二是“有为志愿”系列项目。南海区作为中国近代著名思想家、维新政治家康有为的故乡，也积极探索和发展“有为志愿”系列品牌，围绕“敢为、乐为、善为、有为”等方方面面，着力创新志愿服务形式、丰富志愿服务内容。目前，社区“有为志愿”系列项目涉及文化传播志愿服务、青少年成长志愿服务、老有所为志愿服务等，越来越展现地方特色，产生了较大影响力。

三是“工匠志愿”系列项目。在弘扬“工匠精神”、培育“大国工匠”的时代，南海区作为新工匠之乡，建设了“珠江三角洲工匠精神展示馆”，开展工匠精神的传播推广活动。为此，社区志愿组织也积极开展“工匠志愿”特色项目，既有专家学者、专业人士深入社区为各类群众提供服务，也鼓励社区志愿者精益求精，将服务项目做精做好。如大沥镇社区志愿者既结合非遗文化、民俗文化丰富的特点，吸引非遗传人、工艺师傅参加志愿组织，为社区群众提供“有品质”的服务；也结合改革开放以来铝型材发展迅速，新工匠群体多样的特点，吸纳企业专业人才、技能人才成为社区志愿者，提供技术技能的服务。如里水镇的社区、农村就发挥种花、养殖等产业发展的优势，吸引技术技能人才为社区群众提供专业服务。这样，通过“工匠志愿”系列项目的实施和推广，让社区志愿服务提高了水平、具有了高品位。

四是“爱家志愿”系列项目。南海区特别倡导“热爱家园、共建共享”的志愿服务，“爱家”体现爱社区、爱家园的志愿服务情怀。尤其是2009年桂城街道志愿者提倡“爱家·爱桂城”的口号深得人心、流传广泛，引起其他镇街和社区也都打造类似的宣传口号。同时，涉及和实施“共建好家园”的各类服务项目。如社区“创熟”志愿服务项目，就是针对外来人口多、文化隔阂大的现状，通过志愿者的联络和帮助，营造新的“熟人社会”，传递亲切、关怀、互助、友爱。又如社区“双楼长”志愿服务，就是针对新楼盘居住业主的复杂多样性，既邀请退休人员担任“楼长”，也邀请中青年担任“楼长”。退休人员“楼长”做好日常巡查和关心的志愿服务；中青年“楼长”做新资讯、新技能运用的志愿服务，相互配合，帮助群众。为了让来自五湖四海的新市民能在小区里找到“家”的感觉，逐渐形成社区归属感，桂城尖东社区开展“家乡味，邻里情”百家宴美食节品牌活动。活动在社区党支部的组织下，通过楼长发动楼栋居民参与，并通过多元主体协同合作的模式，在社区里开展百家宴，每个参与家庭煮一道家乡菜共同形成一桌菜，街坊们在分享美味时，也共享邻里情。这些既有传统风俗也有时尚魅力的志愿服务活动，凝聚了社区群众，营造了和睦氛围。

五是“梦想志愿”系列项目。南海区吸引了150多万的外来人口，既有前来创业发展的青年企业家，也有高技术青年人才，还有大批外来务工人员，他们都是怀抱梦想、立志奋斗的人群，在各个社区生活与发展。为此，社区就推出“梦想志愿”系列项目，为前来追梦的外来人员提供关心和帮助，引导和激励他们追求中国梦、青年梦。“新南海人梦家圆”是一个在党建引领下统筹各类资源、为各类群体尤其是新市民提供融合服务的综合性平台。近年来，嘉怡社区通过打造党建引领“123工程”，建立起一系列社会管理服务实践基地，包括1个创新平台、2项引领工程、3类外展项目，通过整合各类资源，为非户籍常住居民提供多元化、专业化、个性化的服务。同时，社区采取“社工+党员+义工”的服务模式，在发挥党员模范作用的同时，鼓励居民尤其是非户籍常住人口参加公益志愿服务。调查发现，南海区的社区志愿服务项目，类型多、更新快，能适应社区群众的生活与发展需求，不断推出具有时尚魅力，又有服务实效的项目。因此，很多项目都受到社区群众的欢迎，具有生机活力。

三、对策建议

南海区在建立社区志愿服务体系方面率先探索、勇于实践，构建组织、阵地、项目的“铁三角”，积累了较为成功的经验。然而，面对新时代的形势发展，面对“十四五”志愿服务的新要求，南海区的社区志愿服务体系仍然存在不足，需要进一步健全和完善。

第一，推进“顶层设计+社区创新”。社区志愿服务体系建设，既需要社区志愿者的探索创新，也需要各级党政部门的政策制度支持。南海区在高质量建设“志愿者之城”的框架中，要专门突出社区志愿服务的政策、制度、措施建设。要制订《南海区建设高质量社区志愿服务体系的方案》，按照国家和省市的要求，对照新时代新思想的要求，明确建设目标和建设路径。与此同时，要推进社区志愿服务体系建设的试点工作，打造一批示范社区，以供其他社区学习参考。

第二，推进“组织规范 + 服务创新”。调查中，许多社区提出志愿服务缺乏人才的问题。他们说，“不缺人，缺人才”。社区志愿者中的老人和妇女较多，文化层次不高。需要吸引大量中高端人才、具有专业特长的人员加入社区志愿组织，提高服务能力和服务实效。为此，建议实施“牵手有爱”计划，从区和镇街层面要制定政策措施，激励各类专业志愿者深入社区，做好长期结对与合作服务，进一步培育社区志愿服务的优秀组织和优秀项目。

第三，推进“榜样激励与文化创新”。社区志愿服务发展中，要发掘和培育优秀社区志愿者，选树典型、示范带动。一方面，要大力发掘老党员、老居民等热心公益慈善、志愿服务，长期关爱和帮助社区群众的典型，不仅做新闻报道，而且总结和提炼这些典型的经验、体会，广泛宣传普及，弘扬志愿精神，推广志愿服务。另一方面，要积极发掘各类专业人才、新兴群体在社区参与志愿服务，关爱帮助他人的典型，包括教师、律师、医生、社工、网络人员、媒体人员等，总结和提炼他们运用专业知识、新兴技术服务社区群众、创新社区治理的经验，以供大家参考学习。在树典型、做推广的基础上，要广泛传播“奉献、友爱、互助、进步”的志愿精神，吸引和激励广大居民、新市民参与志愿服务。

第四，推进“资源保障 + 体系创新”。南海区要积极争取国家与省市资源支持，也集中区和镇街资源，投向社区志愿服务的组织、阵地、项目建设，以便更好就近就便开展邻里互助、帮困助弱、基层治理、环境保护等服务，为社区民生改善作出更大贡献。因此，可以商请各级财政增加对社区志愿服务发展的专项资金，也可通过南海区新时代文明实践志愿服务基金筹集更多资金投入社区领域。最重要的是，一方面要健全体系的各种要素，尤其是支撑和支持要素，促进志愿服务体系更有活力、更有效率；另一方面要促进社区体系的开放与包容，吸收区镇人才和资源的进入并发挥积极作用，进一步吸收国家和省市的人才资源、资金资源进入，以提升社区志愿服务的水平和质量，真正做到高质量发展、高质量服务。